상담기법 영역 ④

# 음악심리치료

정현주 · 김동민 공저

상 담 학 Best Practice 시리즈

학지사

# 발간사

"상담학은 상담에 관한 이론 연구뿐만 아니라 그 실천에 대한 연구 또한 중요하다."라는 명제에 대해 대부분의 상담학도들이 동의하리라 생각된다. 현재 우리나라에는 이미 수백 명의 상담학 전문가가 활동하고 있으며 수천 명의 학생들이 전문가가 되기 위한 수련을 하고 있다. 우리 상담전문가들은 청소년, 교육, 복지, 기업, 군대, 법원, 진로개발 등 여러 분야에서 전문적 활동을 하면서 국가와 사회에 공헌하고 있다. 상담의 실제는 이미 다양한 분야와 영역에 걸쳐 발전하고 있는 것이다.

'상담학 Best Practice 시리즈'는 실제 상담현장에서 수고하는 많은 상담전문가들의 실천 경험을 기반으로 하여 기존의 상담학 교재들의 이론 중심 내용에서 벗어나, 보다 실제적이고 상담현장에서 쉽게 적용해 볼 수 있는 사례 중심의 실천적 상담교재라 할 수 있다. 상담학 Best Practice 시리즈는 상담기법 영역, 상담문제 영역, 상담 프로그램 영역, 상담자 전문성개발 영역 등 총 4개 영역으로 구성되었다. 이론보다는 실제 사례를 통해 이론과 기법들이 사례에 어떻게 적용되는지 그 과정과 절차를 자세히 기술하여 상담자들의 실천적 지식을 높이고자 하였으므로, 상담학에 입문한 전공자나 학교 현장의 전문상담교사 그리고 전국의 청소년상담센터 상담전문가들에게 실제적인 도움이 될 수 있을 것이다.

이 시리즈는 한국 상담학계에서 활발히 활동하고 있는 상담학 교수 및 박사들로 구성된 각 영역의 전문가들이 힘을 모아서 집필한 결실이다. 이 시리즈가 출간될 수 있도록 애써 주신 집필진 모두에게 편집위원회를 대표하여 진심으로 고마움을 전한다. 아울러 상담학 Best Practice 시리즈가 출간될 수 있도록 아낌없이 지원해 주신 학지사 김진환 사장님과 최임배 상무님을 비롯한 관계자 여러분께도 감사드린다.

2007년
상담학 Best Practice 시리즈 편집위원회 위원장
김계현

머리말

　상담학 Best Practice 시리즈의 하나로 음악심리치료를 소
개하게 되어 매우 기쁘다. 음악심리치료는 음악치료학 영역
에서도 치료사의 훈련과정과 전문성을 특별히 요하는 매우
전문화된 분야로, 많은 임상연구를 통한 효과성 검증을 거쳐
그 체계를 다져 왔다.
　음악과 이에 관련된 활동은 인간의 삶에서 매우 중요한 역
할을 해 왔다. 이러한 음악의 보편성을 기반으로 음악의 치료
적 힘을 연구하고 사용하는 '음악치료학'이 하나의 학문으로
발전한 것은 매우 당연한 일이다. 음악치료의 학문적 역사는
타 학문에 비해 길지 않지만 음악의 치료적 활용은 선사시대
에서도 찾아볼 수 있을 만큼 그 역사가 길다. 플래토, 아우렐
리아누스, 피타고라스 등의 고대 그리스 학자들은 음악이 인
간의 정신, 영혼 및 육체적 건강에 미치는 영향에 대하여 논

하였고, 중세에서 근대에 이르기까지 많은 의학자들이 음악을 인간의 건강회복을 목적으로 사용하였다. 19세기 정신의료기관 환자들을 위한 치료의 자극제로 음악이 사용되기 시작하면서 의사는 물론 간호사, 사회복지사들이 그 효과를 논문형식으로 보고하였다.

음악의 임상적 효과에 대한 연구가 활발해지면서 전문가 양성과정의 필요성이 인식되기 시작하였고, 이에 1946년 미국 캔자스 대학에서 음악치료 학위 과정이 개설되었다. 국내에서는 1997년 처음 음악치료가 이화여자대학교와 숙명여자대학교에 석사학위 과정으로 개설되었으며, 이후 전국의 유수 대학에서 음악치료 학위 과정을 이수한 음악치료사들이 배출되어 임상 기관과 학교 현장 그리고 지역사회 복지 기관의 수요에 부응해 왔다. 이와 같이 음악치료는 국내에서도 이론과 실제 그리고 연구라는 세 가지 학문적 기반을 바탕으로 꾸준히 발전하고 있다.

이 책에서는 음악심리치료의 정의와 개념, 심리치료 철학에 따른 분류와 그 기법 그리고 대상별 접근들을 소개한다. 1장에서는 음악심리치료가 음악치료학에서 갖는 실천적 범위와 깊이, 이에 따른 치료 요소와 개념을 소개한다. 2장에서는 음악심리치료와 심리치료 철학과의 관계, 그리고 이에 따른 다양한 음악심리치료의 이론과 실제를 소개한다. 3장에서는 대상에 따른 음악심리치료의 적용과 이에 대한 실질적 활동을 소개한다. 마지막으로 4장에서는 음악심리 치료에서 사용되는 수용적 그리고 표현적 음악활동들과 이의 치료적 의미를 소개한다. 내용에 따라 활동이 반복되어 소개되는 부분도 있으나 이는 동일한 활동도 대상에 따라 다른 치료 목표를 가지기 때문임을 이해하기 바란다.

　국외의 경우 심리치료사, 상담가, 의사, 사회복지사 등과 음악치료사 간의 전문가적 교류와 팀워크가 활성화되어 있다. 저자는 이 책을 통해 음악심리치료에 대한 바른 이해와 인식이 고조되고 더 나아가 타 학문과 음악치료학의 학문적, 전문적 교류가 활성화되기를 기대한다.

이화동산에서
정현주, 김동민

# 차 례

1

음악심리치료란

## 1. 음악심리치료의 정의

지난 반세기 동안 많은 음악치료사, 음악을 사용하는 심리
치료사 그리고 정신분석 전문가들이 음악치료 영역 외에서
어떻게 음악이 심리치료의 한 방법으로 사용될 수 있는지에
대하여 연구해 왔다. Wolberg(1977)는 심리치료를 "훈련된
전문가가 전문가적인 관계형성을 통해 정서적 문제와 관련된
증상을 제거, 수정 또는 지연시킴으로써 인격의 성장과 발달
을 촉진해 주는 치료(treatment)의 한 형태"라고 정의하였다.
음악치료는 다양한 차원에서 이 정의에 부합되는데, '훈련된 전
문가' '전문가적 관계' 그리고 '정서적 행동 문제'가 심리치료를
정의하는 기본 요소들이며, 이는 음악치료 정의와도 일치한다.
이를 근거로 음악심리치료는 기존의 심리치료 이론과 음악치
료 실제 기법들이 통합되어 체계화되었다.

음악심리치료사는 심리치료 이론과 철학을 토대로 임상을 제공한다. 심리치료 이론들을 사용하는 경우 치료과정에서 어떠한 일을 예측할 수 있는지, 어떻게 평가하고 개입하는지, 그리고 결과를 증진시킬 수 있는지에 대한 접근을 제시해 준다. 또한 상담에서 내담자가 이야기하고 행동하는 다양한 반응에 따라 치료사는 그 이론에 적합한 방법으로 대처한다. 치료사는 심리치료 이론들을 실제에 접목하여 치료적 과정을 도출함으로써 치료 목표, 치료사의 역할, 그리고 치료 목표를 달성하는 데 가장 효과적인 기술이 무엇인가에 대해 고민한다 (Wheeler, 1983). 그러므로 음악심리치료에서 기존의 심리치료 이론에 대한 지식과 이에 대한 음악치료 기술은 치료사로서 갖추어야 할 필수 요건이다.

## 1) 음악치료

음악치료는 음악을 치료적 매개체로 활용하는 응용학문으로, 음악과 과학이 만나는 영역이다. 음악치료가 체계적으로 학문화되기 전부터 음악은 오랫동안 치료적으로 사용되어 왔다. 특히 정신 보건과 특수교육 분야에서 음악이 치료도구로 활용되면서 서서히 음악치료가 하나의 전문 분야로 인정받게 되었으며 이에 대한 학문적 기반과 전문적 훈련의 필요성이 대두되었다. 여기서 학문이란 인간의 음악적 행동과 정서에 관련된 다양한 이론을 토대로 체계화된 지식 영역 및 음악과 관련된 이론과 이론적 바탕을 토대로 실제에 적용하는 기술과 기법들에 대한 연구를 포함한다. 이와 같이 음악이 치료적 도구로 사용된 것은 음악에 대한 인간의 선천적인 반응과 이에 따른 행동에 대한 과학적 연구가 뒷받침되었기 때문이다 (Bruscia, 1998a).

음악치료는 음악과 치료 두 분야가 각각 가진 개념의 모호함 때문에 정의 내리기 쉽지 않다. 하지만 기본적으로 본 학문에서 추구하고자 하는 방향과 기본 전제는 명확히 설정되며, 따라서 음악치료는 음악이라는 예술성과 과학에 근거한 치료적 접근 영역이 만나 교류하면서 그 시너지 효과를 일으키는 분야다. 여기서 과학적 접근이란 음악치료가 목표 지향적이며, 체계적이고, 통제된 연구를 통해 얻어진 결과에 기반을 둔다는 것을 의미한다. 요컨대, 음악치료의 학문적 정체성은 다양한 치료 기법과 모델, 철학 등이 포함되고 융합되어 형성되었다.

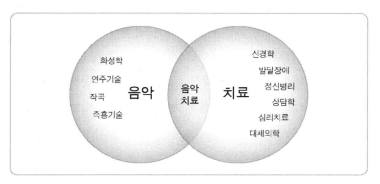

[그림 1-1] 응용학문으로서 음악치료의 학문적 융합

Bruscia(1998a)는 음악치료를 내담자의 건강회복을 목적으로 음악적 경험과 관계들을 통해 역동적 변화를 이끌어 내는 체계적인 치료과정이라 정의하였다. 즉, 음악은 치료 매개체로 치료 상황과 내담자의 필요에 따라 활용되는데, 이에는 다음과 같은 네 가지 개념들이 전제된다. 첫째, 음악적 경험이 중심이 된다. 즉, 음악치료에서는 음악자극과 음악활동에 대한 경험을 토대로 치료과정을 전개하고 목표에 도달한다. 둘째, 체계적 전개와 접근이다. 음악치료과정은 체계적인 중재(intervention)와 변화(change)를 목적으로 이루어져야 하기 때문에 진단부터 평가까지 단계적으로 실행된다. 셋째, 내담자의 필요에 따라 치료 목표가 설정된다. 음악치료는 음악을 이용하여 내담자의 역동적인 변화를 유도함으로써 목표된 신체적·정신적 건강을 성취할 수 있도록 도와주는 중재의 체계적 과정이다. 여기서 '역동적(dynamic)'이란 음악적 중재에 따라 유도되는 다양한 내담자의 반응을 의미한다. 역동은 정신적, 심리적, 정서적 그리고 신체적 차원에서 모두 발생하는데, 이에 따라 치료사는 대상이 가진 현재의 신체적, 정신적 문제를 다루거나 기능 강화에 목적을 두고 중재를 제공한다(Wigram, Pederson, & Bonde, 2002). 넷째, 마지막으로 음악치료는 음악과 치료에 관련된 기술 및 지식을 충분히 훈련받은 전문적인 음악치료사가 수행한다. 이러한 주요 요소들을 반영하여 세계음악치료협회(World Federation of Music Therapy)는 음악치료를 다음과 같이 정의하였다.

음악치료란 전문적인 음악치료사가 음악 또는 음악적 요소 (소리, 리듬, 멜로디, 화음)를 사용하여 내담자의 신체적, 감정적, 정신적, 사회적, 인지적 필요에 따른 의사소통, 관계형성, 학습, 표현, 문제해결 등의 관련 기술들의 촉진과 향상을 유도하고 설정된 목표를 성취하는 과정 중심의 중재다. 음악치료는 개인의 잠재력을 계발하고 기능을 복원함으로써 개인 내 및 개인 간의 통합을 도모하고 궁극적으로는 개인이 예방, 재활, 처치를 통해 보다 높은 삶의 질을 영위하는 것을 목표로 한다(WFMT, 1997).

이러한 보편적 정의에서 더 나아가 Wigram, Pederson과 Bonde (2002)는 치료사의 배경, 내담자의 필요 및 치료 접근에 따라 음악치료의 학문적 정의가 달라질 수 있다고 하였다. 또한 음악치료사의 가치관, 철학, 훈련, 임상현장, 문화적 배경에 따라 음악치료에 대한 정의가 조금씩 달라지기도 한다.

## 2) 음악심리치료

음악치료와 구분되는 개념으로서 음악심리치료에 대한 정의는 비교적 근래에 다루어지고 있다. 음악심리치료는 음악적 경험 내에서 내담자가 가진 감정 또는 정서 결핍과 같은 개인내적(intrapersonal) 문제와 이로 인한 관계적(interpersonal) 문제에 초점을 두고, 내적 자원(inner resource)과 힘(strength)이 실현되도록 돕는 전문화된 치료 영역이라고 정의할 수 있다.

즉, 발달적 기술(skills)보다는 자기 역량과 능력을 촉진시켜 줌으로써 삶에서 온전히 기능할 수 있도록 돕는다. 한 예로, 말 장애가 있는 경우 음악심리치료에서는 발음의 명확성을 일차적인 목표로 두기보다 언어 행동에 영향을 미치는 심리적 원인과 여기에서 비롯되는 이차적 증상들에 초점을 맞춘다.

앞에서 음악치료가 치료 행위의 주체자인 음악치료사에 따라 그 방법, 접근 및 목표가 달라질 수 있다고 하였듯이, 음악심리치료 또한 음악치료사에 따라 그 방법과 깊이, 목적이 달라진다.

먼저 음악심리치료의 목적은 치료사와 내담자가 원하는 변화가 무엇인가에 따라 다양한데, 예를 들어, 자기에 대한 인식, 내적 갈등에 대한 이해와 이에 대한 통찰력, 관계 문제에 대한 이슈 규명, 의사소통 문제, 상처 치유, 지지적 자원 확인, 영성적 자원의 확인 등이 있다. 이는 인간의 정신적 기능, 심리정서적 건강에 초점을 둔 것이며, 발달적 기술과의 직접적인 관련성은 없다(Bruscia, 1998a).

전통적인 심리치료에서는 내담자와 치료사가 언어로 소통하면서 내담자가 내놓는 심리적 문제나 어려움을 대화로 전개해 가며 치료 목표를 달성한다. 이에 반해 음악심리치료에서는 치료 목표에 따라 음악이 언어와 동등한 역할을 수행하거나 언어보다 우선적인 역할을 하기도 하며, 때로는 언어를 대신하기도 한다.

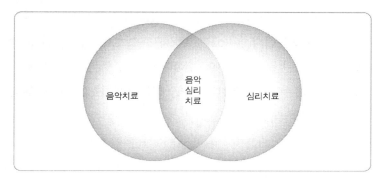

**[그림 1-2] 음악심리치료의 학문적 기반**

음악심리치료에서 중요한 것은 내담자와의 치료적 관계이며, 이 관계를 바탕으로 음악치료사가 내담자에게 필요한 경험을 제공한다. 치료적 개입은 치료사의 세심하고 예리한 통찰력을 필요로 하는데, 내담자에게 어떠한 것이 필요(need)한가에 대한 충분한 확신과 이에 음악이 어떻게 작용할 수 있는지에 대한 이해를 필요로 한다. 더 나아가 내담자의 잠재력도 파악되어야 치료적 방향과 전개를 가지고 올 수 있기 때문에 이에 대한 치료사의 전문적인 통찰력이 필요하다(Grocke & Wigram, 2007).

Bunt와 Hoskyns(2002)는 Wilber의 '의식의 스펙트럼' 개념에 근거하여 인간에 대한 음악적 접근과 이에 대한 철학적 근거를 설명하였다. 각 접근은 다른 접근과 중복되는 경향도 있지만 초점이 조금씩 다르다. 예를 들어, 학교 현장에서 일하는 치료사는 보다 발달적인 측면에 음악을 사용하며, 정신과에서 일하는 치료사는 매우 임상적이고 정신분석적인 차원에서 음악을 활용한다. 이 스펙트럼에 근거하여 개념화된 음악심리치료 접근은 여러 치료 분야에서 추구하는 치료 목표에 따라 어떻게 달리 활용되는지에 대한 전체적인 관계적 구도를 보여 준다(Bunt & Hoskyns, 2002).

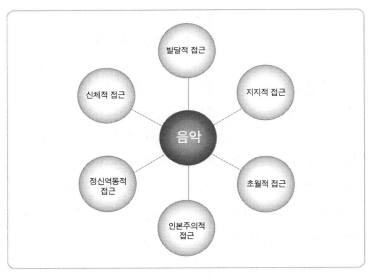

[그림 1-3] 음악의 치료적 접근

음악심리치료 접근 스펙트럼에서는 음악의 치료적 접근이 인간의 신체적, 발달적, 지지적, 정신역동적, 인본주의적, 초월적 영역에 따라 구별된다. 신체적 접근은 운동에 관련된 신경학적 반응과 같은 의학적이며 측정 가능하고 생화학적 변화를 유도하기 위해 사용되는 음악 경험을 포함한다. 발달적 접근은 생물학적 측면과 관련된 요인, 발달심리적 요인, 교육적 또는 인지적 요인, 성장과 관련된 목표를 위해 사용되는 음악 경험을 포함한다. 지지적 접근은 현재 기능을 최대화함에 필요한 '지금-여기' 중심의 게슈탈트적 치료, 심리적 문제해결, 정서 작업과 관련된 기제 강화 등을 위해 사용되는 음악 경험을 포함한다. 정신역동적 접근은 몸과 마음의 통합, 정신분석, 전이/역전이 문제 또는 기존의 방어기제 탐색 등을 위한 음악심리치료적 접근을 의미한다. 인본주의적 접근은 자기 성장, 독창성, 잠재력 탐색 및 자기실현을 이루고자 하는 데 사용되는 여러 가지 음악 경험들을 포함한다. 마지막으로 초월적 접근은 몸, 마음 그리고 정신이 통합되어 자기 중심적 사고를 넘어 시간과 공간을 초월하여 현상을 경험하고 바라볼 수 있는 새로운 시각과 통찰을 기르는 음악적 경험을 포함한다. 이 접근은 음악 내에서의 절정 경험 또는 영적 체험을 수반한다. 요컨대, 음악치료와 음악심리치료를 구분하는 기준은 치료사의 철학적 배경과 내담자의 호소 문제, 그리고 이에 따른 치료 목표에 있다. 즉, 음악심리치료에서 치료 목표는 인간의 신체적 기능 향상이나 단순한 정서변화 등에 국한되지 않고 정신적 기능 향상을 넘어 존재론적 통찰까지 확장되는 것이다.

### 3) 음악심리치료와 상담

음악심리치료와 상담에서 공통 요소와 상이 요소를 살펴보자면, 우선 상담에서 가장 중요한 요소들은 일반적으로 음악심리치료에서도 매우 중요한 요소들로 작용한다. 감정이입, 즉 공감이 그 예가 될 수 있는데, 이는 상담뿐만 아니라 음악심리치료에서도 매우 필수적인 요인이다(Egan 1998; Nelson-Jones, 2003). 모든 치료사들이 갖추어야 할 가장 기본적인 조건은 공감을 할 수 있는 능력이다. 공감이란 내담자의 내적 세계를 이해하고 정신적으로 내담자와 동일시할 수 있는 능력을 말하며, 또는 내담자의 경험, 행동, 느낌을 충분히 이해하는 것을 말한다. Rogers(1980)는 공감을 "타인의 개인적인 세계를 탐색하고, 그 안에서 충분히 실제를 경험하며, 평가나 비판 없이 그대로를 받아들이는 것"(p. 142)이라고 정의하였다. 또한 두 영역에서 공통적으로 치료사와 상담자 모두 능력 있는 경청자이어야 함을 강조하고 있다. 즉, 두 영역의 치료사들 모두 경청 능력을 갖추어야 하며, 내담자가 언급하는 모든 이슈나 문제들에 대해서 적극적인 관심과 이에 대한 교감, 반영 등을 보여 줄 수 있는 역량을 갖추어야 한다. 다만, 음악심리치료에서의 경청, 공감, 반영 등은 언어를 통해서뿐만 아니라 음악적으로도 이루어진다는 차이가 있을 뿐이다.

반대로 두 영역 간의 핵심적 차이는 언어와 음악의 활용에 있다. Grocke와 Wigram(2007)은 상담과 음악심리치료에서 음악과 언어 사용이 어떻게 다른지를 비교하였다. 우선 상담의 경우, 상담자는 내담자가 변화에 대해 가질 수 있는 무의식적인 벽, 행동적 패턴을 인식시키고 이에 대한 다른 대안을 탐색하고 변화를 도모하고자 하며, 내담자가 내면에 내재된 저항을 직면하고 계속 성장할 수 있도록 지지해 주는데(Egan, 1998), 이 모든 과정에서 언어를 소통의 주요 도구로 활용하며 필요에 따라 다른 매체를 활용한다.

반면에 음악심리치료에서 음악치료사는 내담자에게 다양한 음악 경험을 제공하고 이를 통해 그들을 표현하도록 격려한다. 이 과정에서 음악치료사는 즉흥연주, 가창, 노래심리치료, 수용적 방법 등과 같은 음악적 경험을 사용하지만 언어를 통해 치료 초점을 규명하며, 어떻게 음악심리치료가 진행될지에 대한 전체적인 방향과 전개를 논의한다. 또한 언어적 과정을 통해 음악 표현이 어떠했는지, 무엇을 경험하였는지 등을 논의한다. 즉, 음악과 언어가 각기 다른 역할을 가지며, 궁극적으로 상호보완의 형태로 활용된다.

음악심리치료는 치료 환경과 방향에 따라 활용되는 음악의 수준이 달라질 수 있는데, 이는 음악이 일차적인 역할을 하는지 또는 이차적인 역할을 하는지에 따라 구분될 수 있다. 예를 들어, 자신의 감정을 표현하는 과정에서 치료사가 음악으로 유도하고 표현된 연주를 지지하고 반영해 준다면, 이는 '치료로서 음악'(Music as Therapy) 중재라고 설명할 수 있는 반면, 노래의 가사를 읽으면서 가사에 자신의 이슈를 투사하여 설명한다면 이는 '치료에서 음악'(Music in Therapy)을 활용했다고 볼 수 있다. 이에 대한 설명은 이후 더 자세히 다루어질 것이다.

이와 같이 음악심리치료에서 음악은 비언어적인 매개체로서 소통의 도구로 사용되며, 환경에 따라 병리적인 문제나 기능적인 문제로 언어 표현에 한계를 가진 내담자부터 심리적 문제가 있는 내담자에까지 모두 사용된다. 발달적인 의사소통 기능 장애로 언어적 소통이 전혀 가능하지 않은 대상들에게 음악은 그들의 기분, 에너지 수준, 태도, 감정적 메시지 등을 음악에 담아 전달하는 역할을 한다. 또한 음악 자극은 각성을 유도하고 정신 집중 및 음악 정보 처리에 필요한 기본적인 인지력을 촉진할 수 있는 자극제 역할을 하기도 한다.

비언어적 내담자는 언어 발달의 지연이나 병리 또는 정서 문제로 언어 기능을 충분히 활용하지 못하는데, 이들에게 음악은 효율적인 의사소통 촉진제로 활용된다. 선택적 함묵증이나 심한 우울증으로 언어소통 기능이 저하된 사람, 또는 고기능 자폐증이나 아스퍼거 증후군을 가진 사람, 또는 심한 외상으로 급성 신경장애를 경험하는 내담자에게 수용적 음악 경험은 언어적 표현이 없이 감정을 자극하고, 기분 변화를 유도하며, 정서 수정을 도모할 수 있는 기회를 제공한다.

요컨대, 음악심리치료는 첫째, 내담자의 심리 상태의 긍정적 변화를 위해 수동적 또는 적극적인 음악 경험을 중심으로 진행된다. 이 과정에서 치료 목표는 내담자의 신체적, 인지적, 행동적, 정서적 영역에만 국한되지 않고 내담자의 자기 탐색을 지지해 주거나 잠재력을 촉진시켜 자신에 대한 올바른 인식을 할 수 있도록 하는 등 자기 통찰과 성장 영역으로도 확장된다. 둘째, 음악의 비언어적 특성을 활용하여 감정의 변화를 유도하여 인간 내면에 억압되었던 감정이나 이야기를 표현할 수 있도록 하여 내적 갈등을 해결하고, 또한 야기된 정서적 문제에 대한 이해 및 해결을 유도한다. 셋째, 정서와 태도의 변화를 유도하여 대인관계에서 겪는 문제점을 이해하고 이를 해결할 수 있는 내재적 힘을 강화시킴으로써 대인관계 기술을 향상시킨다. 넷째, 정서적 외상을 치유하여 깊은 내면과 현실을 인식하도록 하며, 이를 통해 인지적 재구성과 행동 변화를 이끌어 낸다(Wigram et al., 2002).

한편, 내담자의 삶의 질 문제 또는 심리적, 정서적 문제에서 비롯되는 어려움 등이 치료 목표로 간주되기 때문에 음악심리치료에서 가장 중요한 것은 내담자 스스로 자신을 위해 이러한 심리치료가 필요함을 충분히 인식하고 있어야 한다. 따라서 음악심리치료를 구성하는 모든 회기는 이러한 변화를 위해 구성되고 전개되어야 하며, 치료사는 목적 중심의 방향성을 가지고 내담자를 인도해야 한다(Bruscia, 1998a).

## 2. 음악심리치료 구성요소들과 그 관계

### 1) 음악심리치료의 구성요소

심리치료에서 내담자와 치료사가 필수 구성요소인 것과 같이 음악심리치료에서도 내담자와 치료사가 필수 구성요소이지만, 여기에는 음악이라는 또 다른 요소가 존재한다. 음악심리치료에서의 내담자 대상은 심리치료의 대상보다 그 폭이 더 넓다. 이는 음악이 인간에게 지극히 보편적인 표현 매체이자 의사소통 도구로, 시대, 문화, 언어적 차이를 뛰어넘는 '세계 공용어(universal language)'이기 때문이다(Davis, Gfeller, & Thaut, 2008). 따라서 원론적으로 음악심리치료에서 내담자가 되는 대상은 신체적, 정서적, 정신적 장애의 유무를 떠나 음악에 반응하고 음악적 경험에 참여할 수 있는 모든 개인이 된다.

음악은 시대와 공간을 초월하여 모든 인간 문화에 존재하는 원형적 존재다. 즉, 음악은 인간의 보편적 산물이며 동시에 보편적 욕구다. 그러나 음악은 손에 잡히거나 눈에 보이는 형이하학적 존재가 아니므로 그 실체는 우리의 경험과 그 경험에 대한 인지적 과정에 존재한다. 이를 해석학적 관점으로 말하면, '음악'은 창조, 연주, 감상되는 실체이지만 '음악'이란 단어는 실체가 아닌 것이다. 즉, 음악은 관념이 아니라 경험적 실체이며, 따라서 이는 간단히 정의되기 어렵다. 이와 관련하여 시인 Heine는 음악에 대해 다음과 같이 말하고 있다.

음악이란 무엇인가? 어젯밤 잠들기 전 나는 이 질문에 사로
잡혔다. 음악은 신비롭다. 기적에 가깝다. 음악은 생각과 현
상, 정신과 물질의 중간에 존재하는 일종의 매개체 같기도 하
다(Ansdell, 1995, p. 7, 재인용).

Ansdell(1995)은 음악이란 인간에게 의미를 부여하거나 신
체적으로 경험되는 모든 소리의 가능성을 구현한 것이며, 개
인의 행동과 산물이 곧 그들의 상태를 대변하는 것과 같이 개
인의 음악은 개인에 대한 많은 것을 내포한다고 하였다. 즉,
음악은 그 음악을 창조하고, 연주하고, 감상하는 개인과 별개
의 것이 아니라는 것이다. Aigen(1999) 역시 음악은 우리가 누
구인지, 무엇을 느끼는지, 무엇이 필요한지를 드러내므로, 음
악은 그 음악을 창조하는 개인의 신체적, 심리적, 사회적, 정
신적 상태와 유관하다고 하였다. 더 나아가 Turry(1998)는 개
인의 음악은 무의식적 면모의 상징적 투사일 수도 있다고 하
였다. 즉, 음악적 요소들은 자기(self)의 무의식적 요소들의 상
징적 표상일 수 있다는 것이다. 각 음악 요소는 개인의 특정
면모를 상징적으로 표상하며, 각 음악적 진행은 개인의 심리
적 진행과 연관되기도 한다(Bruscia, 1987). 따라서 음악심리치
료에서 음악은 장애의 유무, 성별과 나이, 인종, 문화와 언어
등을 초월하여 내담자에게 영향을 미치는 치료적 요소로, 치
료사의 치료철학, 내담자의 필요, 치료 목표 등에 따라 다양
한 역할을 수행한다(Davis et al., 2008).

　음악심리치료에서 음악이 어떻게 치료적 요소가 될 수 있는가에 대한 이해는 음악의 보편적 기능들에 대한 이해에서 출발한다. 우선 음악은 인간의 표현과 의사소통의 수단이다. 인간은 다양한 감정을 보다 깊게 표현하고 더 나아가 이를 다른 사람과 나누기 위하여 음악을 사용한다. 우리는 사랑에 빠지거나 사랑하는 사람과 이별했을 때 우연히 들려오는 음악에 우리의 감정을 동일시하는 경험을 하게 된다. 더 능동적으로는 우리의 감정을 담아낼 수 있는 음악을 연주하거나 노래를 부르기도 한다. 또한 특별한 감정이나 가사를 전달하기 위하여 음악을 사용하기도 하는데, 가장 흔한 예로는 생일축하 노래, 사랑을 고백하는 세레나데, 결혼식 축가 등이 있다. 이러한 음악의 표현적, 상호교류적 기능은 사정, 관계형성, 개입, 평가 등 음악심리치료의 전 과정에 걸쳐 가장 보편적이면서도 근원적으로 사용된다.

　음악은 인간의 정서적, 신체적 반응을 유발하기도 한다. 우리는 보편적으로 강한 2박자 또는 4박자의 음악이 대형 스피커를 통해 울려 퍼지면 자신도 모르게 어깨가 들썩이고 박자에 맞추어 고개를 끄덕이고 있는 것을 경험하며, 동시에 정서적으로 흥겨워지거나 흥분하게 된다. 반대로 8분의 6박의 느리고 조용한 음악이 지속적으로 들리면 몸과 마음이 이완되는 것을 경험하기도 한다. 이러한 음악의 기능은 음악심리치료에서 내담자의 특정한 신체적, 정서적 반응을 유도하기 위해 의도적으로 사용된다.

우리는 특정한 음악을 들을 때 그와 관련된 기억이나 이미
지를 떠올리는 경험을 하기도 한다. 예컨대, 우리는 '아리랑'
을 들으면 '대한민국'을 연상하게 되고 더 나아가 조국에 대
한 감정을 느낀다. 이는 음악의 상징적 기능으로, 이와 같이
특정한 음악이 특정한 사건, 인물, 사물, 감정 등과 연관되는
기능은 음악심리치료에서 내담자의 전이를 탐색하거나 회상
을 유도할 때 유용하다.

음악의 사회통합 기능도 음악심리치료에서 자주 사용된다.
우리는 함께 같은 노래를 부르거나 같은 음악을 연주할 때 하
나가 되는 느낌을 갖는다. 2002년 월드컵에서 우리를 하나로
만든 역할을 한 '오 필승 코리아'가 그 대표적인 예가 될 수 있
다. 이러한 음악의 사회통합 기능은 음악심리치료에서 내담
자가 사회적 지지나 위로를 필요로 하거나 집단치료에서 집
단 구성원들 간의 소속감 증진이 필요할 때 함께 음악을 창조
하거나 연주 또는 감상하는 형태로 사용된다.

음악심리치료에서 음악이 치료적 요소가 되는 또 다른 이
유는 정신역동 심리치료에서 언급되는 '놀이'의 치료성, 그리
고 '창조성'과 병리와의 연관에서 찾아볼 수 있다. Winnicott
(1971)은 병리가 창조성의 소실과 유관하며, 창조성은 놀이를
통해 중간지대(transitional space)에서 발생한다고 하였다. 그
는 따라서 치료사의 역할은 내담자로 하여금 놀이를 학습하
거나 재학습하도록 돕는 것이라 하였다. 이와 연관하여, Jung
은 인간은 놀이 안에서 비로소 진정한 인간일 수 있다고 하였

으며(Chodorow, 1997), Robbins(2000)는 놀이 안에서 내담자의 병리가 창조적 성장으로 변환된다고 하였다. 음악적 활동 중에서 작곡은 창조적 활동이며, 연주는 재창조적 활동이다. 또한 연주와 감상은 놀이의 대표적 형태 중 하나다. 즉, 정신역동적 관점에서 음악은 창조성이 발현되는 놀이로 치료의 장(field)을 제공한다.

이와 같이 음악이 필수 구성요소인 음악심리치료에서 치료사는 음악가이자 심리치료사로서 훈련받는다. 즉, 음악심리치료에서 치료사는 심리치료에 대한 전반적 이론과 임상훈련뿐만 아니라 음악에 대한 전반적 이론과 실기에 대한 훈련을 받으며, 이를 바탕으로 자신의 심리치료적 철학과 내담자의 필요에 따른 목표하에 음악을 치료적으로 적용하는 전문가다. 따라서 음악심리치료에서 치료사는 단순히 음악을 작곡하거나 연주하는 음악가와 구별되는 동시에 운동기술 증진, 정서적 안정 등의 목표를 위해 음악을 단순한 자극제로 사용하는 음악치료사와도 구별된다. 또한 악기 연주, 작곡, 지휘 등과 같은 특정한 음악기술을 학습하거나 증진하는 것을 최종 목표로 하는 음악교육가와도 구별된다. 이와 같이 음악심리치료에서는 내담자, 치료사 및 음악이라는 주요 구성요소가 존재하며, 이 세 요소들의 관계는 다음과 같이 크게 두 가지로 분류할 수 있다(Garred, 2006).

### (1) 음악이 치료사와 내담자를 매개하는 관계

음악이 치료 도구로 사용되는 음악심리치료에서 음악은 치료사와 내담자 사이를 이어 주는 교량 역할을 한다. 이를 그림으로 나타내면 [그림 1-4]와 같이 치료사와 내담자의 관계를 음악이 매개하는 형태가 된다. 즉, 음악은 그 자체로서 치료적 역할을 가지는 것이 아니라 치료사가 선택적으로 사용하며, 치료사는 내담자와 음악 안에서 관계를 형성하는 것이 아니라 음악을 통해 관계를 형성한다. 이러한 관점에 대하여 Garred(2006)는 음악 그 자체의 고유한 치료적 역할을 부인한다면 진정한 의미의 음악심리치료가 불가능하다고 주장하였다. 그러나 이러한 관계적 관점을 가진 음악치료사들은 음악 그 자체의 고유한 치료적 역할보다 음악을 치료적으로 사용하는 치료사의 역할을 더 강조한다.

[그림 1-4]를 자세히 살펴보면 치료사, 음악, 내담자 간의 상호작용이 나타나 있지 않다. 모든 화살표는 궁극적으로 내담자를 향해 있으며, 치료사를 향한 화살표는 없다. 이러한 관점에서 보는 음악심리치료에서, 음악은 내담자에게만 영향을 주고 치료사에게는 영향을 미치지 않으며, 또한 내담자의

[그림 1-4] 음악이 치료사와 내담자를 매개하는 관계

영향을 받지도 않는다. 그리고 내담자는 음악을 통해 치료사의 영향을 수동적으로 받을 뿐이며, 주체적인 영향력을 갖지 않는다. 이는 치료사와 내담자 간의 상호적 역동도 없다는 사실을 암시한다.

이러한 형태의 관계는 음악을 하나의 치료적 주체로 보지 않고 치료적 목적을 달성하기 위해 사용되는 하나의 객체로 보는 관점을 나타내는데, 이러한 관점을 가진 음악심리치료의 전형적 예는 인간의 무의식적 역동보다는 의식적 훈련과 학습을 강조하는 행동주의 음악심리치료다. 이러한 관점은 앞서 언급한 '치료에서 음악'과 연관되기는 하지만, 이에 속한 모든 음악심리치료가 이러한 관점을 가진 것은 아니다. 예컨대, 제2장에서 다루어지는 분석적 음악치료(Analytical Music Therapy: AMT)는 '치료에서 음악'에 속하지만, 내담자와 치료사의 음악을 통해 전이와 역전이를 탐색하고 분석하는 것이 주된 치료과정이므로 음악을 단지 치료의 도구로만 보는 관점과는 거리가 있다.

### (2) 치료사, 음악, 내담자 간의 상호 관계

치료사와 음악 모두 치료의 수행자로 간주하는 관점에서는 치료사, 음악, 내담자 간의 관계가 서로 상호작용하는 삼각관계다. 이러한 관점의 음악심리치료에서 치료사, 음악, 내담자는 각각 고유한 주체로서 서로 영향을 주고받는다.

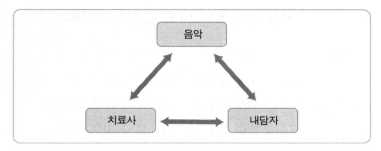

**[그림 1-5] 치료사, 음악, 내담자의 상호적 삼각관계**

　내담자는 치료사로부터 직접적인 영향을 받기도 하고, 음악을 통해 간접적인 영향을 받기도 하며, 동시에 치료사에게 직접 또는 간접적으로 영향을 주기도 한다. 이러한 치료사와 내담자 간 상호 역동의 가장 좋은 예는 음악적/비음악적 전이와 역전이다. 내담자는 치료사뿐만 아니라 음악과도 상호적인 관계를 갖는다. 치료에서 연주되는 음악은 치료사의 영향뿐 아니라 내담자의 영향을 받고, 동시에 내담자뿐 아니라 치료사에게도 영향을 미친다. 곧 모든 요인들은 영향을 주고받는 주체가 되는 것이다.

　이러한 관계적 관점을 가진 음악심리치료에는 행동주의 음악치료를 제외한 거의 모든 음악심리치료가 포함된다. 그중에서도 음악을 무의식 역동의 상징으로 보는 심층심리학적 음악심리치료와 음악 그 자체를 중요한 치료적 수행자로 보는 창조적 음악치료가 이러한 관점을 대표하는 음악심리치료 형태다.

## 3. 음악의 역할과 비중에 따른 음악심리치료

음악심리치료에서 음악은 치료의 대상과 목적, 그리고 치료사의 철학과 기법에 따라 다양한 역할을 한다. 언어소통 능력이 부족하거나 저하된 대상을 위한 음악심리치료에서 음악은 언어를 대신하기도 하고, 심층심리학을 바탕으로 하는 음악심리치료에서 음악은 해석하거나 탐구해야 할 상징으로 간주되기도 한다. 또한 음악은 중간 대상으로서 놀이의 장이 되기도 하고, 단순한 신체 이완을 유도하는 매개체가 되기도 한다.

Bruscia(1998a)는 음악심리치료의 형태를 음악의 역할과 그 비중에 따라 크게 두 가지, 즉 '치료에서 음악(music in therapy)'과 '치료로서 음악(music as therapy)'으로 분류하였다. 이러한 분류는 음악심리치료에서 사용되는 음악의 형태보다는 음악의 치료적 역할에 대한 치료사의 철학과 관련이 있다. 실제로 즉흥연주를 주요 음악적 형태로 사용하는 치료사들 사이에서도 음악의 비중과 역할에 대한 뚜렷한 철학적 차이를 볼 수 있다.

Ansdell(1995)과 Lee(1996)는 음악심리치료가 심리치료와 구별되는 점은 바로 음악적 개입이 언어적 개입을 우선한다는 것이며 상황에 따라 음악이 치료의 필요충분 조건이 될 수도 있다고 주장하였다. 이에 대하여 Streeter(1999)는 즉흥연주가 정신분석에서 말하는 자유연상의 역할을 하므로 이에 대한 언어적 통찰 및 해석과정이 중요하다고 반박하였다. 즉, 음악

심리치료에서 음악적 개입뿐만 아니라 언어적 개입이 필수이
며, 상황에 따라서는 음악적 개입보다 언어적 개입이 더 중
요할 수도 있다는 것이다. 이러한 Streeter의 주장에 대하여
Brown(1999)은 음악은 그 자체로 유의미한 존재이므로 즉흥
연주가 자유연상의 한 형태로만 간주될 수는 없다고 재반박
하였다. Aigen(1999) 역시 음악적 경험과 개입에는 언어적 과
정으로 온전히 설명할 수 없는 현상이 있음을 분명히 하면서,
때로는 언어적 과정이 음악적 경험을 손상하거나 축소할 경
우도 있으며 음악적 경험 그 자체가 치료적일 수 있다고 주장
하였다.

이와 같이 '치료에서 음악'과 '치료로서 음악'의 분류는 어
떠한 형태의 음악이 사용되는가보다는 치료사가 음악을 어떻
게 바라보는가, 즉 치료사와 음악의 기본적인 관계가 어떠한
가를 반영한다. Garred(2006)는 '치료에서 음악'과 '치료로서
음악'의 관점 차이를 Buber의 'I-It'과 'I-You(Thou)' 개념으
로 설명하였다. Buber(1968)는 'I-Thou'와 'I-It'이라는 각각
다른 두 관계적 개념을 통하여 인간이 주체(Thou)로서가 아니
라 하나의 객체(It)로 취급되는 것에서 인격 간의 격리 문제가
발생한다고 하였으며, 이러한 현대적 관계의 문제는 I-Thou
관계의 회복을 통하여 해결할 수 있다고 주장하였다. Garred
에 따르면, '치료에서 음악'적 관점을 가진 치료사는 음악과 I-
It 관계, 즉 치료사는 주체이나 음악은 객체인 관계를 가지는
반면, '치료로서 음악'적 관점을 가진 치료사는 음악과 주체

와 주체로서의 관계인 I-Thou 관계를 가진다. 요컨대, '치료에서 음악'에서 음악은 사용되는 객체인 반면, '치료로서 음악'에서 음악은 수행의 주체다.

## 1) 치료에서 음악

'치료에서 음악'이란 음악이 치료사에 의해 치료적 도구나 수단으로 사용되는 것을 의미한다. 이때 음악은 치료사라는 주체에 의해 사용되는 수동적 객체로 치료관계를 형성하거나 목표를 달성하기 위한 이차적인 자극제, 촉진제 또는 교량 등과 같은 보조적 역할을 한다(Bruscia, 1987, 1998a; Garred, 2006). 즉, 음악은 치료적 역할을 수행하는 주체가 아니라 치료 목표를 달성하기 위해 치료사가 사용하는 주요 도구이며, 음악의 역할은 온전히 이를 사용하는 치료사의 임상적 의도에 따라 달라진다. 예컨대, 치료사의 언어적 개입과 내담자의 언어적 탐색이 치료의 핵심이라고 생각하는 심층심리학적 음악심리치료에서는 치료사가 내담자의 억압된 분노표출을 유도하고, 이에 대한 언어적인 탐색을 촉진하기 위해 즉흥연주를 할 수 있다. 또한 내담자의 행동이나 인지 수정을 목표로 하는 행동주의 음악심리치료에서는 치료사가 단기기억력 향상을 위해 노인성 치매환자로 하여금 매주 새로운 노래를 학습하고 암기하여 부르도록 함으로써 설정한 치료 목표를 달성하기 위한 수단으로 음악을 사용할 수 있다.

## 2) 치료로서 음악

치료로서 음악은 음악이 내담자에게 직접적인 영향력을 행사하는 치료의 일차적 매개체(medium)나 수행자(agent) 역할을 하는 것을 의미한다. 이때 음악은 단순한 도구나 수단, 즉 사용되는 수동적 객체가 아닌 능동적 주체의 지위를 갖는다. 예컨대, 치료사가 내담자의 분노를 가라앉히기 위하여 안정된 박자와 느린 템포, 서정적 선율을 가진 음악을 감상하도록 한다거나 호스피스 환자와 함께 그가 가장 사랑하는 음악을 연주하는 경우에 음악 그 자체가 치료의 일차적 매개체나 수행자 역할을 한다.

'치료로서 음악'에 대하여 Ansdell(1995)은 심리치료/상담이 언어가 작용하는 방법으로 작용하듯이 "음악치료는 음악이 작용하는 방법으로 작용한다."(p. 222)고 설명하였다. 그리고 Aigen(2005)은 '치료로서 음악' 개념을 보다 구체적으로 발전시켜 음악중심 음악치료(music centered music therapy)라는 새로운 용어로 설명하였다. Aigen에 따르면, 음악치료에서 가장 핵심적인 치료 요소는 음악 그 자체의 형식, 구조, 구성 및 전개와 이와 관련된 음악적 경험인데, 그 이유는 '음악하기(musicing)[1]'가 고유한 가치의 보상을 주는 지극히 인간적이

---

1) Eliot(1995)의 'musicing(음악하기)'은 'making music(음악 만들기)'보다 직접적이고 능동적인 음악활동을 의미하는 개념으로, 그는 이 개념을 통하여 음악이 다른 목적을 성취하는 수단이 아니라 그 자체가 목적이며 의도, 지식, 의식이 포함된 활동임을 주장하였다.

고도 필수적인 활동이기 때문이다. 이러한 관점에서 보면, 다른 심리치료 형태와 구별되는 음악심리치료의 독특한 가치는 치료사가 아닌 바로 음악에 있으며, 결과적으로 음악심리치료에서 음악은 단순한 치료적 도구가 아닌 목적 그 자체다.

음악이 치료의 가장 핵심 요소로 간주되는 음악중심 음악치료에서는 진단 및 치료 목표 설정, 그리고 내담자의 변화와 성장에 대한 사정(assessment)에서도 음악이 중요한 위치를 차지한다. 그 이유는 음악이 그 음악을 연주하는 사람의 신체적, 정신적, 정서적, 행동적 특성을 반영하며, 음악적 변화와 성장은 곧 그 음악을 연주하는 사람의 변화와 성장을 반영하기 때문이다(Aigen, 1996). 예컨대, 강박적인 내담자의 음악은 박자, 빠르기, 셈여림 등의 변화가 거의 없으며, 충동조절이 어려운 내담자는 점점 느리게 연주하는 것을 어려워하는 모습을 자주 보인다. 만약, 항상 같은 음악을 같은 빠르기와 세기로 연주하던 내담자가 다양한 곡들을 다양한 방법으로 연주하기 시작하거나, 항상 불규칙한 박자를 연주하던 내담자의 음악에 안정된 기본박이 존재하기 시작한다면 이는 단순한 음악의 변화를 넘어 그 음악을 연주하는 개인의 변화를 의미하는 것이다.

더 나아가 음악중심 음악치료에서는 음악적 목표가 곧 임상적 목표다. 예컨대, 과잉행동장애 아동과의 치료에서 '치료사가 제시하는 다양한 빠르기와 셈여림 및 리듬 패턴에 맞추어 북을 연주한다.'라는 목표는 단순히 음악적 소양을 증진하

기 위한 것이 아니라, 음악 경험을 통해 '과잉행동을 조절하는
능력을 향상시킨다.'는 임상적 목표의 음악적 표현이다. 이와
같이 음악중심 음악치료에서는 임상적 목표를 위해 음악적
목표를 수립하며, 음악적 목표를 통해 임상적 목표를 달성한
다. '치료로서 음악'에는 제2장에서 소개될 유도된 심상과 음
악(Guided Imagery and Music)이 있으며, 음악중심 음악치료에
는 창조적 음악치료(Creative Music Therapy)가 대표적이다.

2
심리치료 철학과
음악심리치료

앞서 설명하였듯이 음악심리치료는 음악의 역할이나 비중에 따라 분류되기도 하지만, 행동주의, 정신역동주의, 인본주의, 초월주의 등과 같은 심리치료 이론의 주요 철학적 사조에 따라 분류되기도 한다. 여기에서는 심리치료 철학에 따라 음악심리치료가 어떻게 다른 목표를 가지며, 이에 따라 어떠한 구조, 형태 그리고 기법을 사용하는지를 다루고자 한다.

## 1. 행동주의 음악심리치료

음악심리치료에서 음악의 임상적 적용은 치료사의 철학적 기반에 따라 달라질 수 있다. 음악심리치료 철학은 행동주의에 근거한 음악치료부터 심층심리학에 이르는 매우 광범위한 스펙트럼을 갖는다. 행동주의 음악치료는 특별한 방법론이나 기술이라기보다는 행동주의 철학의 기본 전제에 입각한 개념과 이론을 토대로 음악 환경을 조성하고 개입을 설정하는 접근을 의미한다(Corey, 1986). 행동주의 모델에서 치료사의 기본적 역할은 긍정적인 행동이 보상받는 환경을 조성하면서 부정적인 행동에 대한 강화를 차단하는 것이다. 이를 위해 치료사는 내담자의 문제 행동을 인식하고 그 정도를 평가하여 치료사와 내담자가 함께 어떻게 행동을 교정해야 할 것인가를 계획한다.

행동과학으로서 음악심리치료를 정의하고 이에 따른 음악적 개입을 구상하는 경우, 음악과 목표 행동은 각각의 변인으로 다루어진다. 예컨대, 행동수정 원리에 따라 목표 행동에 대한 개입이 이루어지는 경우, 음악은 독립변인으로, 행동은 종속변인으로 규명한 다음에 치료적 개입을 설정한다. 이 과정에서 다음과 같은 세 가지 질문을 제시할 수 있다.

첫째, 무엇이 부적응 혹은 문제 행동인가? 어떠한 행동들이 증가 혹은 감소되어야 하는가? 둘째, 현재 내담자의 행동을 지지하는 환경적 강화 요인(내담자의 바람직하지 않은 행동을 유지하거나, 보다 적응적인 반응의 수행을 감소시키는 것 모두)은 무엇인가? 셋째, 내담자의 행동에 대처하기 위한 강화 자극인 환경적 변화들은 무엇인가? 이러한 인과관계를 통해 음악이 하나의 자극으로서 어떠한 행동을 어떻게 조절할 수 있는지에 대한 구체적이고 객관적인 결과를 도출하는 것이 중요하다.

음악의 치료적 논거는 각 회기에서 제공된 음악의 역할과 사용된 음악 요소들의 치료적 기능 및 특성을 명확히 설명해야 한다. 행동이나 반응을 유도하는 과정에서 음악적 중재는 중요한 부분이며, 구체적으로 이러한 반응을 유도하는 데 음악적 요소가 가진 특성에 대한 설명은 음악이 왜 치료적인 매개체로 쓰였는지에 대한 이론적 기반이 되기 때문에 모든 치료사들은 이에 대해 명확한 이론을 제시할 수 있어야 한다. 행동에 대한 음악의 개입은 기능적 분석(functional analysis)을 통해 설명할 수 있다. 이를 ABC 모형(Antecedents-Behavior-Consequence)이라고도 하며, 인간의 음악적 행동을 분석하는 데 적용된다.

## 1) 음악과 기능적 분석

행동주의적 시각에서는 객관적이고 과학적인 자료를 통해 문제점을 이해한다. 즉, 문제 행동의 진단 결과에 따라 각기 다른 치료 교육적 처방이 결정될 수 있는 행동적 진단-처방 모형을 정립하고, 이에 따른 문제의 진단과 처방으로써 치료 교육적 방안을 모색한다. 행동적 진단은 A-B-C 분석 모형과 과제분석 모형으로 나뉘는데, 부적절한 행동의 학습요인으로서의 선행자극(SD)과 후속자극(SR)을 확인하는 진단과정과 환경자극의 재배열에 따른 행동의 변화를 시도하는 치료적 처방을 제시하는 것을 말한다. 또한 과제분석 모형은 발달적 결함이나 문제 행동을 규준적 발달 과제에 비추어 구체적 행동의 문제로 확인하는 진단과정과, 이러한 발달적 결손 행

동을 효율적으로 치료하고 교육할 수 있는 개별화 프로그램
을 설계하는 치료적 개입 과정을 말한다.

A-B-C 분석 모형에서 행동적 진단-처방이란 문제가 되
는 어떤 부적절한 행동이나 부적응 행동의 학습 경위를 밝히
고, 행동변화를 위한 구체적 방안을 제시하는 것을 의미한다.
즉, 문제 행동을 유발하는 선행자극(A: Antecedents)과 유발된
행동을 강화하는 후속자극(C: Consequences)을 바로 그 현장과
상황에서 직접 관찰하여 확인하는 과정이 곧 행동적 진단이
된다. 이 두 자극 요인이 표적 행동을 조건형성시키는 직접적
원인이기 때문이다. 이러한 진단의 장점은 그것이 바로 치료
적 처방과 직결된다는 점이다. 즉, 표적 행동을 변화시키기
위하여 선행자극과 후속자극을 환경에 재배열하는 것이 곧
치료적 처방이 된다. 이 모형은 이미 학습되어 유지되는 어떤
부적응 행동을 감소 또는 제거하기 위한 치료적 프로그램을
설계할 때 가장 효과적이다(Hanser, 2002).

선행자극으로는 주로 유도하고자 하는 행동 전에 음악이
제시되는 음악적 촉구(prompt)를 예로 들 수 있다. 선행자극
으로서 음악이 사용된 것에 대한 논거를 설명할 때는 각 음악
적 요소가 어떻게 목표 행동을 유도하였는지를 상세하게 서
술해야 한다. 예컨대, 노래 부르기를 유도하기 위해 선행적
리듬 큐(anticipatory rhythmic cue)를 제시하여 불러야 하는 곡
의 빠르기와 음정을 인지시키고 정확한 부분에서 시작하게
하도록 하는 경우, 제시된 리듬 큐가 바로 선행자극이 될 수

있다. 그 밖에 음악적 자극을 제시함으로써 관련된 주제, 연상 및 이미지를 유도할 수 있는데, 이는 음악을 선행적 큐로 사용하여 기억과 같은 인지 작업을 수행하게 하는 것이다.

목표 행동으로서의 음악은 본격적인 연주, 가창 또는 감상 행동이 될 수 있다. 비음악적 환경에서 보이는 문제 행동을 음악적 목표로 설정하여 그 행동의 변화를 가져오는 것이 행동주의 음악치료의 하나다. 예컨대, 집중력이 낮은 아동이 치료사의 큐에 따라 벨을 끝까지 연주하는 경우나, RAS(Rhythmic Auditory Stimulation) 기법을 적용한 보행훈련을 받는 재활 내담자의 경우와 같이, 계획된 환경 내에서 음악적 경험에 참여함으로써 목표 행동에 대한 개입이 이루어지는 상황을 말한다. 행동주의적 철학에 기반을 둔 음악심리치료의 궁극적인 목표는 음악적 경험을 이용하여 음악 외적 기술이나 학습을 촉진하는 것이므로, 음악적 경험 내에서 어떠한 문제 행동이 다루어지는가는 중요한 문제다.

후속자극으로서의 음악으로는 음악적 보상을 들 수 있다. 행동주의적 철학에서는 인간 행동은 외부 환경 자극과 사회적 상호작용에서 학습된다고 보고, 보상의 결과와 행동 조절을 위한 환경, 자극의 조작이 행동 형성의 주 기능을 한다고 강조한다(Steele, 1984). 이러한 행동의 학습과정에서 주 기능을 하는 후속자극이란 행동이 증가할 수 있도록 하는 요인과 행동 이후 따르는 반응, 그리고 미래의 반응에 대한 발생 가능성을 증가시키는 요인들을 의미한다.

음악심리치료에서 음악은 하나의 중재로 사용된다. Hanser (2002)는 음악이 긍정적 강화제, 벌 그리고 조건적 강화제로 기능한다고 설명하였다. 긍정적 강화제는 바람직한 행동에 대하여 내담자가 원하는 음악 경험을 허용해 주는 것이며, 벌은 반대로 타임아웃과 같은 처벌을 통해 음악을 철회하는 것이다. 조건적 강화제는 내담자의 행동과 연결 지어 행동 발생과 동시에 바람직한 행동에는 음악을 제공하고, 그렇지 않은 행동들에는 음악을 철회하거나 다른 자극제를 제공하는 것을 말한다. 중요한 것은 어떠한 강화제가 의미 있는지를 치료사가 숙지하고 있어야 한다는 점이다.

이러한 접근 외에도 조건화, 탈감각화, 역할극 등과 같은 행동주의 개념과 전략들이 내담자의 행동을 조절하고 수정하기 위해 사용된다. 조건화의 경우, 긍정적 행동과 보상적 음악을 조건화시켜 목표 행동이 보이면 좋은 배경음악을 들려주고, 그렇지 못하면 소음과 같은 불쾌한 음악적 자극을 들려줌으로써 목표 행동을 증가시키는 전략이다. 탈감각화의 경우 다양한 강도의 정서적 불안 또는 긴장 수준과 음악을 연상시켜 단계적으로 음악을 통한 정서 수정을 유도하는 등 음악적 긴장과 치유적 특성을 효과적으로 사용할 수 있다. 이와 같이 치료사의 철학에 따라 음악을 이용한 행동치료 전략들이 사용된다.

## 2) 음악적 구조와 전략

행동주의 철학에서는 행동에 대한 음악적 자극을 포함한 환경적 자극의 중요성을 강조한다. 여기서 환경적 자극이란 음악 내적/외적 자극을 말하며, 성공적인 행동을 학습시키고 유도하기 위해서 음악의 내적/외적 자극을 분석하고 최대한의 반응을 위해 구조화하는 것은 매우 중요한 개념이다. 구조화는 음악심리치료 회기를 구성하고 이를 성공적으로 이끄는 데 필요한 개념이다. 구조화는 내담자의 기능을 고려한 다음 이에 대한 언어적인 지시, 과제와 활동의 단계, 참여의 깊이 등 모든 것이 내담자 중심으로 이루어져야 한다. 치료사는 치료 도구로 음악을 제공하는 과정에서 단계마다 어떻게 제시하고 이끌어 나갈 것인가를 충분히 고려하여 각 회기를 구성해야 한다. 음악심리치료 회기는 내담자를 위한 시간이므로 충분히 구조화되어야 성공적일 수 있다.

음악적 구조화에서 첫째 개념은 발달적 접근이다. 음악활동과 접근을 구성할 때는 기대되는 결과를 도출하기 위해 내담자의 기능수준과 발달 단계에 따라 과제를 분석하여 제시한다. 예컨대, 언어를 강화시키기 위해 모음을 유도하는 가창 활동에서, 기본적으로 먼저 배워야 하는 모음들을 다루고 나서 그 다음 단계의 모음들을 소개한다. 리듬 연주 활동에서도 리듬인지발달을 참고하여 기본 박, 하위 분할된 박 그리고 엇박 등 체계적인 단계로 리듬 패턴을 배워야 하듯이, 그 영역에서의 기능 수준에 따라 단계적으로 전개해야 한다.

둘째, 과제의 복잡성을 최소화하기 위해 과제를 단계적으로 분석하여 나열할 때, 난이도와 과제의 복잡성(complexity)을 고려하여 단순한 작업에서 복잡한 작업으로 이끌어 가는 체계화된 과정도 하나의 전략이다. 음악 참여를 유도하는 과정에서 제시되는 지시 사항들은 예측된 반응의 내용을 정확히 규명하고, 예측된 반응들을 토대로 명확히 구조화되어야 한다. 예컨대, 복잡한 리듬 패턴을 학습할 때는 먼저 자신의 신체 부분을 이용하여 리듬을 익힌 다음 악기로 옮겨 가는 것이 학습에 더 효과적이다. 이는 청각적 패턴을 학습하는 것 외에도 감각운동적으로 리듬을 내면화(internalize)함으로써 신체 리듬을 통해 외부 리듬을 익히면 악기를 통해 리듬을 연주할 때 더욱 쉽게 할 수 있기 때문이다. 또 다른 예로, 음악활동에서 운동기능을 보고자 할 때 한 동작을 강도와 범위로 나누어 볼 수 있다. 어떤 리듬을 표현할 때 근육의 강도를 보기 위해 작은 소리부터 큰 소리를 내도록 유도한다. 이때 운동 범위는 소리의 강도와 비례하여 증가하므로 대근육 운동의 범위가 점차 증가하는 것을 볼 수 있다.

셋째, 동질성(iso-principle)의 원리에 따른 구조화의 개념이다. 신체적 반응이나 이완 또는 감정적 반응을 유도하는 음악 접근에서는 음악이 가진 리듬과 멜로디의 특성을 고려하여 선곡한다. 이완이나 기분 전환을 위한 활동에서도 내담자의 현재 신체 리듬이나 운동 수준을 고려하여 동작의 속도나 흐름을 구조화한다. 예컨대, 침체된 내담자에게 기분 전환을 유도하고자 갑자기 빠른 음악을 감상하게 하거나 빠른 템포로 연주하도록 지시한다면 현재 내담자가 경험하는 에너지 수준이 음악과 일치되지 않는 상황이 발생한다. 기분 전환은 내담자의 기분을 상대적으로 긍정적인 차원으로 이끄는 것이므로 받아들여지지 않는 음악을 제공하고 이에 대한 신체적 반응을 기대한다면 음악적 접근은 크게 효과적이지 않을 수 있다 (정현주, 2006).

### 3) 음악과 정서 수정

인간의 정서에 대한 연구는 오래전부터 시작되었으며 지속적으로 다루어지고 있다. 인간의 정서가 음악을 통해 수정되고 변화된다는 것은 이미 입증된 사실이다(Thaut, 1990). 이는 선천적으로 형성된 인간과 음악과의 관계에서 비롯한다. 음악과의 관계는 선천적, 생득적 또는 주양육자 특히 어머니와의 관계를 음악으로 확인받았던 유아기 때부터 발전된 것이라고 볼 수 있다. 이러한 선천적 관계를 토대로 인간은 음악의 유기적인 힘에 따라 반응하고 시간에 따라 진행되는 음악의 특성에 근거하여 상태 변화를 경험한다. 주로 음악이 미치는 생리적인 요인은 혈압, 맥박, 호흡, 피부 온도, 각성 수준, 격양 상태, 뇌파이며, 이는 바로 측정할 수 있다. 단, 모든 사람이 모든 음악에 반응하지는 않는다. 개인은 훨씬 더 복잡한 역동적 체계를 통해서 특정 음악에 반응하게 되고 행동과 정서에 변화를 경험한다(Grocke & Wigram, 2007). 그럼에도 음악을 통해 정서 수정(affect modification)을 경험하는 것은 많은 연구를 통해 입증되었다.

음악의 생리적인 반응을 보기 위해서는 먼저 음악적 요소들을 살펴보아야 한다. Grocke와 Wigram(2007)은 음악의 전개에서 예측성은 매우 중요한 요인이라고 하였으며, 만약 음악의 요소들이 갑작스러운 변화나 예측 불허한 전개를 가지고 있으면 이는 각성된 정서를 유발한다고 하였다. 이러한 요인에는 갑작스러운 템포, 리듬, 음색, 음높이, 불/협화음, 악센트, 음색, 형식의 변화, 박자의 변화 등이 있다. 진정적인 음악의 경우는 안정적인 템포, 크기, 리듬, 템포, 음색, 음 전개, 화음에서 점진적인 변화와 예측할 수 있는 화음 변화, 종지, 선율, 주제 전개, 형식, 부드러운 음색, 구조화된 악센트 등이 있다. 자극적인 음악은 신체 에너지를 활성화시켜 주고, 동작을 유도하고, 맥박, 혈압 등을 증가시킨다. 진정적인 음악은 그와 반대로 맥박, 혈압을 감소시켜 주고, 안정을 유도한다. 많은 연구자들이 음악의 요소들과 이러한 생리적 변인들 간의 관계를 입증하려고 하였는데, 이에는 많은 개인적인 차이와 반응들이 있어서 일반화하는 데는 한계가 있음을 보고하였다(Wigram et al., 2002).

또한 모든 인간은 신체적 항상성(homeostasis)을 복원하고 유지하려는 성향을 가지고 있다. 이러한 균형감과 복원성은 감정적, 심리적 균형에도 적용시켜 이론화되었다. 모든 인간은 자신의 최적 상태를 유지하려는 항상성의 기제를 가지고 있으며, 이 기제는 자신이 최적의 상태에서 어느 정도 일탈되었는가에 대한 변화를 탐지하고 이러한 불균형 상태를 즉각 교정하려고 한다. 이 과정에서 음악이 어떠한 물리적 속성을 가지고 있는가에 따라 보다 빠르게 복원될 수 있다(Thaut, 2005). 이러한 지향성은 신체 상태는 물론 감정, 또는 정서 영역에도 적용되는데, 슬픔이나 기쁨을 경험할 때 어느 정도 시간이 지나면 안정되는 것이 바로 그 예다(정현주, 2006).

Thaut(1990)는 음악의 지각 과정부터 정서적 반응까지의 단계를 이론화하여 제시하였다. 청각 자극제로서 음악이 제시되면, 이는 신경생리적 차원에서의 반응과 함께 음악 자극에 대한 주의 및 탐색이 시작된다. 탐색하면서 음악에 대한 이해 및 예측과 분석을 시도한다. 이 음악적 자극은 크게 세 가지 특성으로 나뉜다. 첫째, 강도, 템포, 음색/파형, 속도와 같은 음향적 특성, 둘째, 구조/형식, 음악 패턴과 같은 음악의 내적 요소, 그리고 셋째, 감상자의 학습된 관련적 의미, 개인적인 반응과 같은 음악 외적 요소다. 이러한 특성들로 구성된 음악은 감상자의 각성 수준과 정서를 유도하고, 감상을 통한 정서적 만족감과 보상 및 이와 관련된 행동을 유도할 수 있다.

음악을 통해 경험하는 정서 수정은 세 가지 차원에서 이루어진다. 이에는 음악의 활성화 요인, 구조적 명료성 그리고 음악 외적 요소들과 관련된 정서들이 있다. 이러한 복합적 반응들은 기분 전환, 불안과 긴장, 집중력 등의 치료적 목적을 달성하는 데 영향을 미친다.

첫째, 음악의 활성화 요인은 내담자의 에너지 수준에 영향을 미치는데, 긴장이나 불안 또는 그 밖에 다른 부적 정서를 감소시키고 정적 각성을 유도한다. 더 나아가 행동적 변화를 유도하기도 하는데, 근육 움직임 또는 언어의 증가, 동적 행동 등이 그 예다.

둘째, 구조적 명료성은 얼마나 음악이 구조적으로 명료한가, 또는 전개가 명료한가에 따라 감상자가 인지적으로 음악을 이해하고 예측하는 데 수반되는 정서를 말한다. 충분히 예측적이라면 보상감을 느끼겠지만, 난해한 구조나 전개 때문에 전혀 이해가 안 된다면 정서적으로 혐오감을 경험할 수 있기 때문이다. 그러므로 음악적 구조가 순서와 전개, 내용 등에서 어느 정도의 친숙함과 규칙성을 지닌 곡은 정적 정서를 도모한다.

셋째, 음악 외적 요소들과 관련해서는 연상을 한 예로 들 수 있다. 연상은 음악에 대한 심리적, 정신적, 인지적, 정서적 반응을 동반한다. 음악을 통해 떠올려진 경험과 이와 관련된 정서는 매우 개인적이므로 치료사 입장에서 예측할 수는 없지만, 가능하다면 경험된 정서에 대해서 회기 안에서 같이 나누고 감정을 지지해 주는 시간을 갖도록 한다.

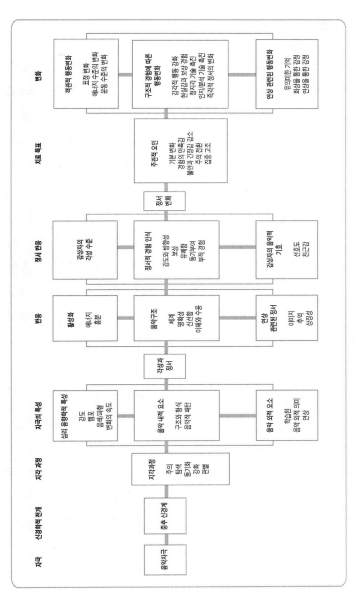

[그림 2-1] 음악의 지각 과정과 정서 반응(Thaut, 1990)

## 2. 심층심리학적 음악심리치료

심층심리학적 음악심리치료는 Freud의 정신분석, Jung의 분석심리학, Winnicott, Klein 등의 대상관계심리학, 그리고 Kohut의 자기심리학에 근거하여 음악을 무의식에 대한 탐색 도구로 사용한다(Wigram et al., 2002). 심층심리학적 관점에서 음악은 무의식과 연관된 자유연상의 역할을 하기도 하고, 중간 영역이 되기도 하며, 상징이 되기도 한다. 또한 전이, 역전이, 저항, 다양한 형태의 방어기제 등도 음악 안에서 나타나는데, 이러한 무의식의 음악적 발현을 최대한 활성화하기 위하여 주로 형식이 정해져 있지 않은 자유즉흥연주를 사용한다. 이에 관하여 Priestley(1975)는 음악이 음으로 표현된 감정으로 무의식과 연결되며, 자유로운 음악 표현은 개인의 내적 세계와의 직접적인 접촉을 가능케 한다고 주장하였다(Darley-Smith & Patey, 2003, 재인용).

이러한 분류에 속하는 대표적 음악심리치료에는 자유즉흥연주를 사용하는 정신분석에 근거한 음악치료(Psychoanalytically Informed Music Therapy: 이하 PsIMT), 분석적 음악치료(Analytical Music Therapy: 이하 AMT)와 성악심리치료(Vocal Music Psychotherapy) 등이 있으며, 본질적으로 오랜 기간을 필요로 하는 정신분석 훈련과정의 특성상 이러한 접근을 사용하는 음악치료사들도 오랜 기간의 개인분석 등 까다로운 수련을 거쳐 자격증을 받는다. 이러한 이유에서 많은 심층심리학적 음악심리치료사들은 자격증을 가진 정신분석가이기도 하다.

정신분석적 음악치료의 선구자라고 할 수 있는 Alvin과 Priestley는 모두 정신과에서 시작하여 아동치료까지 그 범위를 넓혀 갔다. 특히 Alvin은 자폐, 정신지체, 신체장애 및 사회부적응의 문제를 가진 아동들과 함께 일했는데, 아동들과 일할 때는 발달심리학적 관점을 수용하여 적용하였다. 전통적으로 정신분석적 치료에서는 내담자가 치료사와 함께 자신을 탐색하기에 충분한 언어적 능력을 가져야 하지만, 심층심리학적 음악심리치료에서는 정서적, 심리적인 이유로 제한적인 언어 능력을 가지거나 언어적 능력을 상실한 내담자도 언어 대신 음악을 사용하여 자신을 표현하고 탐색하거나 치료사와 교류할 수 있다. 심층심리학적 음악심리치료는 음악을 사용하는 정신분석인가, 아니면 정신분석의 이론을 수용한 음악치료인가에 대한 논란이 있으나(김진아, 2006), 음악의 고유한 역할과 역동성은 언어의 그것과 구별되므로 심층심리학적 음악심리치료는 정신분석의 이론을 근거로 한 음악심리치료로 보는 것이 타당하다.

## 1) 정신분석심리학에 근거한 음악심리치료

Freud의 고전적 정신분석에서 대상관계에 이르기까지 심층심리학이 주로 유럽에서 시작하여 발전해 온 것처럼, 심층심리학적 음악심리치료 접근 또한 주로 유럽에서 활동하는 음악심리치료사들이 정립하였다(Wigram et al., 2002). AMT는 Priestly가 영국에서 시작하였지만, 그녀의 제자들에 의해 그 본거지가 미국으로 이동한 반면, 정신분석에 근거한 PsIMT는 현재까지 유럽을 중심으로 사용되고 있다. PsIMT는 AMT와 같이 Freud의 정신분석 이론에서 출발하였지만 이에 머무르지 않고, Jung의 분석심리학, 대상관계심리학 그리고 Kohut의 자기심리학 등 다양한 정신분석 이론들을 그 바탕으로 한다.

PsIMT의 가장 근본적인 전제는 음악이 그 음악을 연주하는 개인의 무의식을 탐색하고 이해할 수 있는 좋은 도구라는 것인데, 이는 심층심리학적 관점에서 창의성과 창조적 행위가 인간의 무의식과 많은 연관을 가진다고 간주되기 때문이다. 즉, PsIMT에서는 내담자가 어떤 악기를 선택하여 어떠한 방법으로 연주하는가는 그 내담자의 현재 상태를 반영하거나 과거의 경험을 재현하는 것으로 이해한다. 따라서 PsIMT에서는 전이와 역전이의 탐색과 이해가 치료의 주요 과정이며, 음악이 언어와 함께 개인의 내면세계를 탐색하고 이해하기 위한 수단으로 사용되는데, 이때 가장 많이 사용되는 음악의 형태는 자유즉흥연주(free improvisation)다.

제2차 세계대전 직후 Freud의 정신분석 이론을 바탕으로 자유즉흥연주를 치료 기법으로 확립한 Alvin은 심층심리학적 음악심리치료의 기반을 마련한 최초의 음악치료사다. 첼리스트 Casals의 제자였던 그녀는 개인은 자신이 창조한 음악 안에서 자기 자신을 볼 수 있다고 하면서, 어떠한 음악적 구조나 형식에 얽매이지 않고 자유롭게 연주된 음악은 연주하는 개인의 의식과 무의식을 그대로 반영한다고 믿었다. 일반적으로 PsIMT에서는 내담자가 요구하지 않는다면 치료사가 내담자에게 특정한 악기를 특정한 방법으로 연주하도록 지시하지 않는데, 그 이유는 내담자의 악기 선택이나 연주 방법 등이 내담자에 대한 주요 정보가 될 수 있기 때문이다(Alvin & Warwick, 1991; Streeter, 1999). 이와 관련하여, Streeter(1999)는 자유즉흥연주가 자유연상기법과 연관되므로 치료사가 음악적 전이와 역전이에 대한 이해와 탐색을 하는 것은 필수라고 하였다. 음악적 전이와 역전이는 음악적 형태로 나타나는 전이와 역전이로, 이는 내담자의 음악과 이에 대한 치료사의 음악을 살펴봄으로써 탐색될 수 있다. 다음에 설명할 창조적 음악치료에서도 즉흥연주가 주요 기법으로 사용되지만, 자유즉흥연주는 목표, 구조, 형식 면에서 창조적 즉흥연주와 구별된다(Wigram et al., 2002).

Alvin과 Warwick(1991)은 내담자와 치료사 간의 관계형성에 앞서 내담자와 음악 간의 관계형성이 우선되어야 한다고 주장하였다. 이는 음악이 내담자 자신을 안전하게 투사하는 중간 지대(transitional space)로 간주되기 때문이다. 즉, 내담자와 음악 간의 관계는 내담자와 치료사 간의 관계의 초석이 된다. 따라서 PsIMT에서 첫 치료 목표는 내담자와 음악 간의 관계형성이다. 치료사는 내담자가 악기나 목소리를 통해 자기를 표현하고 탐색하도록 지지함으로써 내담자와 음악 간의 관계형성을 돕고, 내담자의 음악에 적극적으로 동참함으로써 내담자와 치료사 간의 관계형성을 도모한다.

음악은 그 내용과 경험이 시간의 추이에 따라 전개되는 시간예술이다. 따라서 감상, 연주 또는 작곡과 같은 음악적 경험은 지금-여기 경험과 직결된다. 특히 자유즉흥연주는 미리 작곡된 곡의 연주나 창조적 음악치료에서 사용하는 음악의 심미적 기능과 형식미를 강조한 즉흥연주와는 달리, 정해진 규칙이나 형식 없이 순전히 내담자의 자발적 표현에 의지하므로 내담자의 음악은 그 순간의 정서적, 심리적 상태를 고스란히 반영한다. 따라서 치료사의 가장 중요한 역할은 음악적 경청이며, 더 나아가 음악 안에 반영된 내담자의 문제들을 인식하고 적절한 음악적, 언어적 개입을 하는 것이다.

PsIMT에서 치료사의 개입은 내담자와의 즉흥연주를 통해 음악적으로도 이루어지며, 대화를 통해 언어적으로도 이루어진다. 내담자는 자유즉흥연주를 하고 나서 이에 대한 경험을 치료사와 언어적으로 나누어야 하는데, 이는 상징성 면에서 음악이 언어에 비해 표현적 선택의 폭이 넓고 깊은 반면, 해석 면에서는 모호한 성격을 가지기 때문이다. 이와 관련하여 Metzner(1999)는 음악연주와 언어적 대화의 교체적 사용이 상호작용 과정에 영향을 미치는 구조적 특성을 가지며, 내담자의 자아기능을 자극하므로 내담자의 관계 문제에서 특히 효과적인 역할을 한다고 주장하였다. 따라서 지금-여기에서 치료사는 음악적 개입이나 언어적 개입을 직관적이고도 적절히 선택하여야 하며, 회기 분석 시에도 치료사는 내담자의 음악뿐만 아니라 치료사 자신의 음악, 그리고 내담자와 치료사의 음악을 음악 내(intramusical), 음악 간(intermusical), 개인 내(intrapersonal), 개인 간(interpersonal)의 관점에서 통찰해야 한다. 즉, 음악 안에 담긴 내담자와 치료사의 무의식과 음악적 형태로 표현된 전이, 역전이 등을 살펴보아야 한다.

예를 들어, 〈예시 2-1〉과 같이 내담자가 먼저 연주를 시작하고 뒤이어 치료사가 이를 반영하는 연주를 시작하자 내담자가 연주를 중단해 버리는 경우, 치료사는 연주를 지속하며 내담자가 다시 참여하기를 유도할 것인가, 아니면 연주를 중단하고 내담자에게 왜 연주를 중단했는지 질문할 것인가를 직관적으로 선택해야 한다. 치료사가 연주를 중단하고 내담자에게 언어적으로 개입했을 때의 〈예시 2-1〉과 같다.

> 치료사: 방금 제가 함께 연주를 시작하자마자 연주를 중단하
> 셨는데, 특별한 이유가 있었다면 말씀해 주시겠어요?
> 내담자: 좀 방해받는 기분이 들어서 그만뒀어요. 내 공간을 침
> 해당하는 느낌이랄까요?
> 치료사: 그랬군요. 제가 어떻게 했다면 그런 느낌을 받지 않
> 았을까요?
> 내담자: 만약 좀 더 기다렸다가 조심스럽게 연주를 시작했다
> 면 침해당하는 느낌이 들지 않았을 수도 있을 것 같
> 아요.
> 치료사: 그렇군요. 그럼 이번엔 좀 더 기다렸다가 조심스럽게
> 참여하도록 노력할게요. 우리 다시 시작해 볼까요?

〈예시 2-1〉의 경우, 치료사는 자신이 연주에 참여했을 때 내담자가 연주를 중단하는 모습에서 이미 내담자에게 자신의 공간을 존중받고 싶은 욕구가 있다는 것을 알 수 있을 것이다. 그리고 세션을 진행하면서 그러한 욕구가 어떻게 음악적으로 나타나는지 계속 살펴보아야 하며, 내담자와의 언어적 대화를 통해 그러한 욕구가 어디에서 비롯되었는지를 탐색해야 한다. 또한 내담자의 반응에 대한 자신의 감정과 내담자의 음악에 대한 자신의 음악에 담겨 있는 음악적 역전이를 함께 살펴봄으로써 내담자에 대한 이해를 보다 심층화한다.

PsIMT에서는 정신분석적 치료에서와 같이 세션의 일정하고 지속적인 규칙 그리고 형식이 주는 신뢰감과 안정감을 중

요시한다(Odell-Miller, 2002). 즉, 치료는 같은 장소에서 매주 같은 요일과 시간에 이루어지며, 이에 대한 변화가 있을 경우 치료사는 사전에 내담자에게 예고함으로써 불필요한 혼란이나 불안을 최소화한다. 세션의 가장 일반적인 형식은 보통 인사노래로 시작해서 마침노래로 끝마치는데, 치료사는 치료 시작부터 음악심리치료의 규칙과 한계를 분명히 하고 그것을 지키도록 하여 치료대상자가 스스로를 준비하고 정리할 수 있게 돕는다. 이렇듯 정신분석 이론과 Alvin의 기법을 바탕으로 시작된 PsIMT는 AMT와 함께 심층심리학의 발달과 더불어 그 이론과 기법이 끊임없이 확장되어 왔으며, 현재 유럽에서 행해지는 음악심리치료의 가장 큰 주류를 이루며 발전하고 있다.

## 2) 분석적 음악치료

분석적 음악치료(Analytical Music Therapy)는 본래 Mary Priestley 뿐만 아니라 Peter Wright 및 Marjorie Wardle 등이 1970년 초반에 시작하였다. 그러나 그 이론과 기법의 확립에는 Priestley의 공헌이 가장 컸기 때문에 그녀가 분석적 음악치료의 창시자로 간주된다. Priestley는 스승이었던 Alvin의 이론과 기법을 구조적으로 발전시켜 분석적 음악치료의 틀을 확립하였는데, 그 이론적 바탕은 역시 Freud와 Jung의 이론이었다(Priestley, 1994b). 고전적 정신분석에서 치료사는 중립적 역할을 하지만, 분석적 음악치료에서 치료사는 내담자와 함께 즉흥음악을 연주하는 적극적 역할을 한다는 차이가 있다. 그러나 기본적으로 내담자의 무의식 탐색과 통합이라는 치료목표와 자유연상, 적극적 청취와 같은 기법의 사용에서는 고전적 정신분석과 다를 점이 없다. 다만, 분석적 음악치료에서는 자유연상이나 적극적 청취가 언어뿐 아니라 음악을 통해서도 이루어진다(Wigram et al., 2002).

Priestley는 자신의 접근법에 대해 내담자의 내면세계를 탐구하고 성장을 위한 발판을 제공하기 위하여 내담자와 치료사가 언어와 상징적 즉흥연주를 사용하는 것이라고 정의하였다(Bruscia, 1987). 이는 개인의 언어뿐 아니라 음악 내에도 개인의 역동이 담겨 있기 때문이다(Priestley, 1975). 일반적으로 세션에서의 즉흥연주는 녹음되며, 이렇게 녹음된 음악을 내담자와 치료사가 함께 들으며 언어적 대화를 나누게 되는데, 이때 치료사는 모든 소리표현 안에 담겨 있는 상징에 주목한다. Priestly(1975)는 AMT를 소리표현을 통해 분석적 음악치료사와 함께 무의식 세계를 탐구하는 방법이라고도 정의하였다. 이때 소리표현이란 치료 안에서 발생하는 모든 소리들을 포함하는 개념으로, 음악은 물론이고 깊은 한숨, 하품, 비명, 신체에서 나는 소리, 울음, 웃음 등도 포함한다. 모든 소리표현은 상징으로 간주되며, 치료사와 내담자는 언어적 과정을 통하여 이러한 소리표현들의 상징을 탐색한다.

이러한 언어와 음악의 복합적 개입은 문제 또는 병리의 발단이 될 수 있는 심리적 갈등의 심층적 이해를 유도한다. 이와 같이 AMT 세션의 기본 형식은 즉흥연주와 이에 대한 언어적 탐색으로 구성되며, 내담자는 즉흥연주의 제목을 연주하기 전에 미리 정하기도 하고 일단 연주를 먼저 한 다음에 그 경험과 느낌에 따라 정하기도 한다. 이때 내담자의 요구에 따라 치료사가 즉흥연주를 함께하기도 하고, 내담자 혼자 하기도 한다. 연주 후 내담자와 치료사는 즉흥연주의 내용과 형태, 경험을 바탕으로 무의식을 탐색하고 의식화하는 언어적 작업을 하게 되는데, 여기에서 중요하게 다루어지는 것이 음악적 전이와 역전이다(Sheiby & 김승아, 2006).

즉흥음악에는 개인의 내적 세계가 담겨 있으므로(Priestley, 1975), 내담자의 전이가 그의 음악을 통해 현현(玄玄)되듯이 치료사의 역전이 역시 음악적으로 현현된다. 따라서 치료사는 내담자의 음악을 통해 전이를, 그리고 치료사 자신의 음악을 통해 역전이를 탐색하게 되는데, 그 하나의 예로 치료사는 즉흥연주 안에서 내담자와의 역할놀이(role play)를 통해 음악적 전이와 역전이를 살펴봄으로써 내담자의 관계적 역동에 대해 탐색하기도 한다. 음악적 전이의 예는 다음과 같이 〈예시 2-2〉에서 찾아볼 수 있다. 즉, 내담자가 먼저 연주를 시작하고 뒤이어 치료사가 이를 반영하는 연주를 시작하자 내담자가 연주를 중단해 버리는 경우, 치료사는 이러한 내담자의 반응이 음악적 전이인지 탐색해 볼 수 있다.

내담자
치료사

치료사: 방금 제가 함께 연주를 시작하자마자 연주를 중단하
셨는데, 특별한 이유가 있었다면 말씀해 주시겠어요?
내담자: 좀 침해받는 느낌이 들어서 그만뒀어요. 나만의 공간
을 침해당한 느낌이랄까요?
치료사: 그렇군요. 혹시 이렇게 침해당하는 느낌을 다른 상황
에서도 경험하나요?
내담자: 흠……. 네, 저는 누가 제 일에 불쑥 끼어들거나 참견
하면 좀 짜증나는 것 같아요.
치료사: 제가 더 잘 이해할 수 있도록 실례를 들어 주실 수 있
겠어요?
내담자: 예를 들어, 우리 엄마는요, 제 일거수일투족을 다 알
아야 해요. 아무것도 혼자 못하게 하거든요. 하나하
나 다 참견하고, 잔소리하고……. 물론 저를 위해서
그런 거겠지만…….

Priestley(1994a)는 음악치료에서의 역전이를 두 가지로 나누고 있다. 첫 번째는 공감적 역전이(empathic countertransference)로, 치료사가 내담자의 감정이나 음악적 표현을 공감하는 것을 말한다. 두 번째는 보조적 역전이(complementary countertransference)로, 내담자가 부여하는 역할에 자신을 동일시하여 그 역할을 수행하는 것이다. 치료사가 음악적 역전이를 탐색해야 할 경우는 다음과 같다(Scheiby, 2006).

1) 치료사의 음악이 내담자의 표현과 상이하거나 그 맥락에서 벗어났을 때

**예시 2-3**

서정적인 내담자의 연주에 대하여 치료사가 특정한 임상적 이유 없이 스타카토로 강한 왈츠풍의 연주를 하는 경우

## 2) 치료사의 음악이 내담자의 음악에 대한 적합한 반응이 아닐 때

**예시 2-4**

내담자가 무조(atonal)로 연주하는 것에 대하여 치료사가 특별한 치료적 논거 없이 조성으로 반영하는 경우

## 3) 치료사가 뜻밖의 음악적 표현을 할 때

**예시 2-5**

치료사가 특별한 치료적 논거 없이 내담자의 음악을 방해하거나 갑자기 바꾸려 하는 경우

### 4) 치료사의 음악이 어디에서 기인한 것인지 알 수 없을 때

**예시 2-6**

치료사의 음악에서 특별한 치료적 논거도, 내담자의 음악과의
연관성도 찾을 수 없는 경우

### 5) 치료사가 특정한 음악 표현을 하도록 강요당한 느낌이 들 때

**예시 2-7**

내담자의 음악적 요구에 따라 치료사가 자신의 의도와 다른
연주를 할 때 이에 대하여 불편한 감정이 드는 경우

AMT는 Alvin의 이론과 기법을 바탕으로 확립되었지만, 이와 구별되는 특징들 중 하나는 내담자의 즉흥연주가 표제에 따라 자극되고 이끌어진다는 것이다. 내담자는 자신의 악기를 즉흥연주의 표제에 따라 직접 선택하며, 치료사의 참여 여부는 내담자의 결정에 따른다. 치료사가 내담자와 함께 연주할 경우 대개 피아노를 택하지만, 내담자의 필요나 요구, 또는 수행해야 할 역할에 따라 피아노 외의 다른 악기를 연주하기도 한다. 연주를 한 다음에는 언어적 토의를 한다.

이 모델의 세션은 주로 네 가지 절차로 구성되는데, 첫째, 쟁점 확인하기, 둘째, 내담자와 치료사의 즉흥연주 역할 결정하기, 셋째, 표제 정하기, 넷째, 즉흥연주 그리고 다시 토의다. 즉흥연주 후의 토의에는 두 단계가 있는데, 즉흥연주 경험에 대한 내담자의 즉각적인 반응을 검토하는 것과 더 깊은 탐색을 위하여 녹음된 즉흥연주를 재생하여 청취하는 것이다. 이 모델에서 음악과 언어는 상호 보완적(inter-supplementary)이라기보다는 상호 증진적(inter-promotive) 성격을 지닌다. 즉, 언어로 표현하기 힘든 감정을 음악으로 대신 표현하는 것이라기보다는 음악이 언어 기저에 있는 내적 감정을 밖으로 이끌어 내고 언어는 감정에 대한 인식과 의식을 명료화하는 것이다.

본래 AMT는 다양한 심리적 장애를 가진 성인을 위해 개발되었지만, 언어소통능력과 상징적 사고능력, 지능, 청취력 등에 큰 저하가 없는 정서장애 및 행동장애 아동도 그 대상이 된

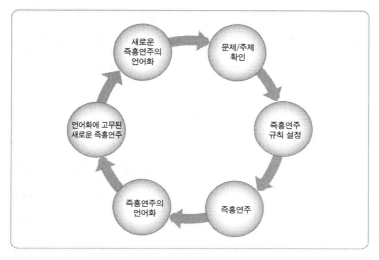

[그림 2-2] AMT세션의 구성과 절차

다. 이 모델의 주된 목적은 무의식적 소재에의 접근, 통찰력 획득, 방어적 에너지 풀어 주기와 이를 긍정적 목표로 재조정하기, 그리고 균형과 창조성 발달시키기 등을 통하여 개인의 완전한 잠재력을 실현하는 데 방해되는 장애물을 제거하는 것이다.

치료의 주 형태는 개별치료, 집단치료뿐 아니라 내담자 두 명과 치료사 한 명의 양자관계(dyad) 치료인데, 그 목표는 각 개인의 성장과 발달에서의 이슈를 탐색하는 동시에 양자관계 내에서의 이슈를 탐색하는 것이다. 즉, 두 명의 내담자가 파트너가 되어 양자관계를 형성하고, 그 관계 속에서 투영되는 각 개인의 관계적 패턴과 이슈를 치료사와 함께 탐색한다. 개별치료는 무의식의 의식화를 통하여 자아를 강화시키는 목적을 가지며, 집단치료는 사회적 배경 속에서 탐색을 필요로 하는 개별 또는 집단적 문제를 규명하는 것이다.

### 3) 성악심리치료(Austin 모델)

Jung은 언어가 인간의 감정을 표현하는 수단이지만 실제에 대한 내용을 인지적으로 처리하여 제시하므로 목소리가 감정을 있는 그대로 표현하기에 보다 효과적이라고 하였다(Austin, 1999). 노래하기의 심리치료적 기능은 많은 논문에서 경험적으로 검증되었으며, 여러 사례연구들도 목소리를 이용한 음악활동이 인간의 심리적 건강과 치료에 유의미한 기능을 한다는 것을 보여 주고 있다(Austin & 정현주, 2006). 음악심리치료 기법 중 목소리를 주 매개체로 하는 대표적인 기법으로는 Austin의 성악심리치료 모델과 Sokolov의 성악즉흥치료 모델이 있다. 여기에서는 정신역동적 철학을 기반으로 다양한 차원의 목소리 사용을 체계화하여 단계적인 접근을 확립한 Austin의 성악심리치료 모델을 살펴본다.

성악심리치료에서는 목소리의 정신역동적 의미를 강조한다. 성악심리치료는 억압된 감정과 본능적 욕구를 목소리를 통해 반영하면서 음악 환경 내에 주 양육자의 반영적, 지지적 역할을 재경험하는 것과 목소리를 통해 본능과 감정을 그대로 경험함으로써 참자기(true self)를 찾는 것에 역점을 둔다.

여기서 목소리는 다양한 감정 및 욕구와 연관된 콤플렉스를 자극하고, 이와 접촉하는 감정적 매개체로 사용되기도 하며, 외상과 연관된 다양한 관계적 이슈들이 투사되고 전이와 역전이가 나타나는 매개체로 사용되기도 한다.

목소리의 심리적 영향력은 태아 때부터 나타난다. 태아에게 가장 가깝고도 빈번히 들리는 엄마의 목소리는 가장 강력한 청각적, 심리적 자극이며, 태아는 이러한 엄마의 목소리뿐 아니라 심박과 호흡 리듬에도 민감하게 반응한다(Hepper & Shahidullah, 1993; Smootherman & Robinson, 1988). 이러한 엄마의 심박, 호흡 리듬, 음색 및 음조는 인간이 경험하는 최초의 음악 환경이 된다. 태아는 엄마의 목소리에 민감히 반응하며, 출생 후에도 다른 사람들의 목소리보다 엄마의 목소리를 훨씬 더 선호하는 경향을 보인다(DeCaspter & Fifer, 1980). 즉, 엄마의 목소리는 곧 엄마라는 타자를 의미하며, 엄마의 목소리에 대한 특별한 반응은 곧 최초의 대상관계를 의미한다. 다시 말해, 목소리는 인간의 가장 원초적이면서도 직접적인 상호작용 및 관계형성의 수단이며, 더 나아가 엄마를 비롯한 주 양육자와의 목소리를 통한 교류의 질과 형태는 개인의 자존감, 자기개념 그리고 애착특성에 지대한 영향을 미친다(Austin & 정현주, 2006).

목소리는 또한 인간 최초의 자기표현 수단이다. 인간은 목소리로 자신의 출생을 알리며, 본능적으로 다양한 소리를 탐색하고 창조한다. 그러나 Austin(2002)에 따르면, 많은 경우 인간은 성장과정에서 자기의 참 목소리를 잃게 되는데, 이는 자기의 감정이나 욕구가 타자에게 반영되거나 받아들여지지 못하고 무시될 때, 자기를 방어하기 위하여 참 목소리를 무의식적으로 숨겨 버리고 자기와 연결되지 않고 방어적인 가짜 목소리를 내세우기 때문이다. 이와 같은 맥락에서 자기의 참 목소리를 찾아 가는 과정은 자기의 정체성을 확립하는 과정이며, 더 나아가 참자기를 찾아가는 과정과 연관된다. 따라서 성악심리치료에서의 목표는 내담자가 자신의 참 목소리를 찾는 것이며, 이러한 과정은 다른 심리치료와 마찬가지로 많은 시간과 인내, 용기를 필요로 한다.

참 목소리(True Voice)를 찾아가는 여정의 첫 단계는 마음과 육체 그리고 영혼을 연결시켜 주는 에너지원으로서의 깊은 호흡을 되찾는 것이다(Austin, 2001). '영혼'을 의미하는 'psyche'가 '호흡하다'를 의미하는 'psychein'과 같은 어원을 지닌다는 사실은 호흡이 인간의 육체적 상태뿐 아니라 심리적 상태를 반영함을 나타낸다(Austin & 정현주, 2006). 따라서 성악심리치료에서는 호흡훈련을 통해 내담자로 하여금 자기의 호흡을 조절하여 목소리의 탐색 단계를 준비하도록 돕는다. 이 단계에서 신체의 균형 회복을 위해 모음을 의식적으로 사용하는 토닝(toning)을 사용하는데, 토닝의 좋은 예는 하품하며 내는 소리나 몸을 이완할 때 길게 내는 소리 등이다. 콤플렉스와 연관된 감정이나 욕구를 다루는 성악심리치료에서는 이러한 토닝을 내담자의 콤플렉스를 다룰 수 있는 효과적인 음악적 활동으로 간주한다. 이러한 맥락에서 토닝은 Jung이 말한 상처 치유와 건강한 분열에 필요한 콤플렉스 내부의 에너지와 같은 역할을 한다(Austin & 정현주, 2006).

목소리가 가장 중요한 치료적 매개체가 되는 성악심리치료에서는 말하는 것, 토닝, 노래하는 것 등 모든 형태의 목소리를 다루며, 내담자가 자기의 목소리를 자유롭고 창조적이면서도 자기 탐색적으로 사용하도록 돕기 위해 주로 성악즉흥(vocal improvisation)을 사용하는데, 이는 '지금-여기'의 경험, 무의식의 의식화를 위한 교량 및 상징적 언어로서 사용된다. 성악즉흥의 한 형태인 보컬홀딩(vocal holding) 기법은 자기와 타자 간의 감정적인 접촉을 촉진하고 관계를 형성시키기 위해 사용되는데(Austin, 2001), 이는 일반적으로 내담자가 선택하는 두 가지 화성을 사용하여 내담자의 즉각적인 자기표현을 허용하는 안전한 음악적 수용 경험을 제공하므로 내담자의 외상을 다루는 작업에 유용하다. 이때 치료사는 Winnicott이 말하는 '충분히 좋은(good enough) 엄마' 역할을 하여 내담자가 지지적인 양육 환경 내에서 자기표현을 자유롭게 할 수 있도록 돕는 것이 중요하다. 일반적으로 이 기법은 모음에서 시작하여 가사가 있는 노래로 발전된다. 보컬홀딩 기법의 예는 〈예시 2-8〉과 같다.

Freud의 자유연상 기법에 근거를 둔 자유연상 노래 활동은 또 다른 형태의 목소리 즉흥으로, 언어에 담긴 감정의 구체화와 명료화를 목표로 한다. 치료사는 일반적으로 오스티나토(ostinato)를 사용하여 내담자를 음악적으로 감싸 안는(holding), 충분히 좋은 엄마 역할을 수행한다. 이와 동시에 치료사는 적절히 직면하는 역할도 수행함으로써 내담자의 무의식적 역동이 보다 깊게 탐색되도록 한다. 오스티나토를 사용한 홀딩 기법의 예는 〈예시 2-9〉와 같다.

예시 2-9 오스티나토를 사용한 홀딩 기법

   치료사는 음색, 빠르기, 세기, 리듬, 박자, 악센트, 확장화음, 대체화음 등과 같은 다양한 음악 요소들과 동음(unison) 가창하기, 화성화하기(harmonizing), 반영하기(mirroring), 그라운딩하기(grounding) 등과 같은 개입을 사용하여 내담자의 경험을 반영하고 지지하는 동시에 내담자의 내적 부조화, 억압된 감정 및 욕구 등의 음악적 현현을 촉진한다. 이와 관련된 음악적 예는 〈예시 2-10〉〈예시 2-11〉〈예시 2-12〉와 같다.

예시 2-10 동음으로 가창하기

예시 2-11 화성화하기

예시 2-12 반영하기

예시 2-13 그라운딩하기

Austin(2001)에 따르면, 동음 가창하기는 음악적으로 분리나 거리가 없는 동일한 음으로 노래하는 것으로 전이와 역전이 촉진에 유용하며, 화성화하기는 음악 안에서 적절한 분리와 거리를 경험하는 기법으로 내담자의 구강기적 경험을 촉진한다. 반영하기는 내담자로 하여금 있는 그대로 받아들여지는 경험을 하도록 도우며, 조성의 주음이나 화음의 근음을 사용하여 안정시키기는 내담자가 치료사로부터 스스로를 안정적으로 분리하여 자기탐색을 할 수 있도록 돕는 것을 말한다.

이와 같이 성악심리치료에서 음악은 자기표현과 관계형성의 매개체 역할을 수행하기도 하고, 충분히 좋은 엄마의 지지적 역할을 하기도 하며, 자기의 내부와 외부를 탐색하는 중간지대(transitional space) 역할을 하기도 한다. 또한 언어(가사)와의 결합을 통해 내담자의 경험을 구체화하고 그 깊이를 증폭시킨다. 성악심리치료에서 내담자는 치료사와 함께 참 목소리를 찾는 여정 안에서 자신의 무의식적 역동을 탐색하고 이를 의식화함으로써 성장하고 발전한다.

## 3. 인본주의 음악심리치료

인본주의 심리학자인 Rogers는 치료의 과정을 '온전히 받아들여지는 과정'이라 하였으며, 이에는 치료사의 진솔함, 무조건적 수용 그리고 명확한 공감이 필요충분조건이라고 하였다. 이러한 철학을 바탕으로 한 음악심리치료에서 치료사는 자신의 진솔한 음악을 통해 내담자의 음악을 있는 그대로 온전히 받아들이고 수용하며 공감하는 것을 무엇보다도 중요시한다. 내담자와 치료사는 음악을 통해 치료적 관계를 수립하는데, 이는 치료사가 내담자의 음악을 무비판적인 태도를 가지고 적극적으로 청취하는 일에서 출발한다. 치료사는 음악을 통하여 내담자를 이해하고 받아들이며 반영한다. 그리고 내담자의 음악적 경험에 동참하며, 내담자가 자신의 건강한 힘을 깨닫고 스스로 성장하도록 지지한다. 그리고 음악적 경험을 통하여 궁극적으로 자기실현에 도달할 수 있도록 돕는다.

Maslow(1973)는 치료의 궁극적 목표가 자기실현을 통한 성장이라고 하였다. 또한 그는 자기실현적 창조성(self-actualizing creativeness)을 언급하면서 자기실현과 창조성의 연관성을 강조하였다. 음악은 온전히 받아들여지는 경험과 자기실현적 창조성의 발현에서의 최적의 장이 된다. 이러한 철학을 바탕으로 한 음악심리치료에서 치료사는 내담자가 음악 안에서 새로운 자

3. 인본주의 음악심리치료 | 77

신을 발견할 수 있도록 돕는 것을 치료의 최고 목표로 삼는다.

인본주의와 초월심리학에 그 철학적 바탕을 둔 음악심리치료의 대표적인 예에는 창조적 음악치료(Creative Music Therapy), 심상유도와 음악(Guided Imagery and Music: GIM), 음악과 심상(Music and Imagery: MI)이 있다.

이 절에서는 우선 창조적 음악치료에 대해서 알아보겠다.

### ▪ 창조적 음악치료(Nordoff-Robbins 모델)

창조적 음악치료는 Nordoff와 Robbins의 17년에 걸친 공동 임상 및 연구로 시작되었다. Nordoff와 Robbins의 이름을 붙여 Nordoff-Robbins 음악치료(Nordoff-Robbins Music Therapy)라고도 불리는 창조적 음악치료는 1957년 이후 근 반세기에 걸쳐 여러 사회, 문화, 음악적 배경을 가진 치료사들의 다양한 임상과 연구 활동을 통해 끊임없는 변화와 확장을 거듭하였다. 그러므로 창조적 음악치료를 정의하는 일은 간단한 일이 아니지만, 이의 가장 근본을 이루는 특징들은 음악을 치료의 가장 중요한 수행자로 간주하는 것과, 모든 개인에게는 음악아이(music child)[2]라는 창조적이고 건강한 힘이 있으며 이러한 힘이 음악과 음악 경험을 통해 자극되고 활성화되어 개인의 성장과 변화를 가져온다는 신념이다.

---

2) '음악아동' 또는 '음악아'로도 번역된다.

음악아이는 창조적 음악치료 안에서 치료사와 치료적 동맹을 맺는 개인의 음악적 본성으로, 모든 개인 안에 존재하는 선천적 음악성이 여러 장애와 장해를 넘어 개인의 성장과 발전을 돕는 역할을 한다는 창조적 음악치료의 독특한 기본 철학을 대표하는 개념이다. 음악아이는 음악적 경험에 반응하고, 의미를 부여하고, 참여를 원하고, 음악을 기억하고, 음악적 표현을 즐기는 내부 자아의 일부이며, 음악과 인간의 관계를 상징한다(Nordoff & Robbins, 2007). 모든 인간에게 존재하는 음악아이가 깨어나고(awakened) 활동하기(activate) 위해서는 교류적이고 개방적인 환경이 필요하다. 또한 음악아이의 활발한 활동은 인지적, 표현적 능력의 발전을 수반하며(Robbins & Robbins, 1991), 자기발견, 자기표현, 자기실현을 촉진한다(Robbins, 2005). 근래에 들어 음악아이는 자신을 온전히 인식하기 위해 음악을 필요로 하는 존재라는 의미의 'Homo Musicus (Musical Human Being)'라는 개념으로 확장되어 설명되기도 한다(Robbins, 2005).

이러한 음악아이와 대치되는 개념인 제한아이(Condition Child)는 개인의 창조적 본성의 발현을 방해하는 다양한 장애와 장해들을 의미한다. 자기(self) 안에서 제한아이는 음악아이의 활동을 제한하는 역할을 하며, 개인의 성장과 발전을 가로막고 있다. 그러므로 창조적 음악치료에서 치료사는 음악과 음악적 활동을 통해 내담자의 음악아이와 접촉하고 교류하면서 음악적/치료적 관계를 형성하며, 음악아이를 일깨우

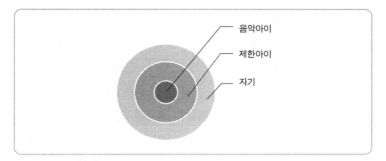

음악아이
제한아이
자기

[그림 2-3] 음악아이와 제한아이

고 자극하고 독려함으로써 제한아이(Condition Child)를 극복하고 성장과 변화를 실현할 수 있도록 돕는다.

창조적 음악치료에서의 일차적 목표는 행동의 수정이나 학습보다 음악아이의 창조적 힘을 통한 내적 성장과 발전에 있다. Nordoff와 Robbins가 그들의 치료 목표를 정상화(normalization)보다 개인의 내적 성장임을 분명히 했듯이(Aigen, 1996), 창조적 음악치료에서는 외적 변화보다는 내적 변화를 더욱 궁극적인 치료 목표로 한다. 그러나 창조적 음악치료가 행동수정이나 학습에 대한 목표를 배제하는 것이라고 오해하여서는 안 된다. 창조적 음악치료에서도 내담자(특히 장애아동)에 따라 행동의 수정이나 강화 및 학습이 주요 치료 목표가 되며, 음악 안에서의 성장과 변화가 일상생활이나 학습현장에까지 확장되는 것에 많은 관심을 기울인다. 즉, 창조적 음악치료에서는 외적 변화 그 자체보다는 '내적 성장을 통한 외적 변화'

를 보다 가치 있게 생각하며, 외적으로 관찰될 수 없는 내적 성장이나 변화 또한 중요하게 여긴다.

음악과 음악적 경험이 치료사의 개입과 내담자의 변화가 일어나는 일차적 장소로 간주되는 창조적 음악치료에서는 치료사의 임상적 음악성이 치료에 지대한 영향을 미치므로, 치료사는 임상적 음악성의 향상을 위해 지속적으로 노력해야 할 의무가 있다고 믿는다. 임상적 음악성은 직관, 통제된 의도, 표현적 자발성, 조직적 음악 구조, 창조적 자유 그리고 임상적 책임 등으로 구성되는데, 직관과 의도, 자발성과 조직성, 자유와 책임 등 서로 상반되는 요소들이 상호 절충적인 동시에 상호 견제적인 역할을 하며 균형을 유지한다(Robbins, 2005; Turry, 1998). 이러한 임상적 음악성을 통해 치료사는 음악의 무한한 가능성에 자신을 개방시키고, 음악과 내담자와의 관계를 이해하며 자신과 음악의 관계에 대한 통찰력을 성장시킬 수 있다.

가장 효과적인 치료를 위해 치료사는 임상적 음악성의 각 요소들을 균형적이면서도 상호 보완적으로 사용해야 한다(Turry, 1998). 직관이나 창조적 자유에 비해 임상적 의도나 책임이 지나치게 강조될 경우, 치료는 내담자에 대한 융통성이나 개방성이 없는 음악의 일방적 또는 강요적 제공이 될 위험이 있다. 반대의 경우는 치료가 아닌 단순한 즐거운 활동이 되어 버릴 소지가 있다. 따라서 치료사는 임상 현장에서 매 순간 자신이 언제, 어떻게, 왜 음악을 창조하고 있는가에 대

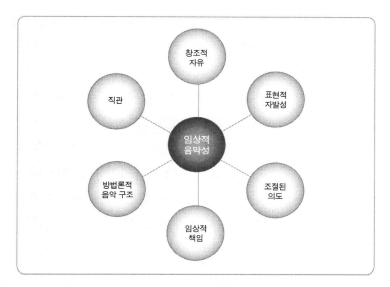

**[그림 2-4] 임상적 음악성**

한 통찰을 가지기 위하여 지속적으로 노력해야 한다.

창조적 음악치료에서는 여러 장애를 가진 내담자의 창조성을 최대한 이끌어 내기 위하여 즉흥음악을 사용하는데, 창조적 음악치료가 즉흥연주를 선호하는 데는 창조성의 극대화 외에 다른 이유들도 있다.

첫째, 즉흥음악은 내담자에게 최소한의 음악적 기술이나 배경을 필요로 한다. 즉, 창조적 음악치료의 기본 개념인 '음악아이'만이 요구된다. 음악치료를 받는 대부분의 내담자들은 여러 장애 요소들 때문에 음악적 지식이나 기술을 습득할 만한 여건을 가지지 못한 경우가 많다. 치료사는 즉흥음악 안에서 이러한 내담자의 음악적 능력을 있는 그대로 수용하기 때문에 아무런 음악적 교육을 받지 못한 내담자라 할지라도 음악적 표현 및 교류가 가능해진다.

둘째, 즉흥음악은 내담자에게 최대한의 표현적 자유를 제공한다. 음악의 즉흥적 경험은 미리 구조화되어 있는 음악의 재창조(연주) 경험과는 달리 내담자의 창조적 자유를 최대한으로 허용한다. 즉, 내담자는 이미 만들어진 틀 안에서의 제한적 자유가 아닌, 스스로 틀을 창조할 수 있는 무제한적 자유를 가진다. 내담자는 이러한 자유 안에서 그 자신의 음악을 창조하고, 또 그 음악을 통해 자신을 있는 그대로 표현하고 교류할 수 있다.

셋째, 즉흥음악은 음악적 접촉, 관계형성 및 개입을 보다 원활히 하게 하는데, 이는 즉흥연주가 매 순간 치료사와 내담자의 접촉과 상호작용을 촉발하는 최고의 수단이 되기 때문이다(Bruscia, 1987).

즉흥음악연주를 통한 창조적 경험은 내담자의 잠재성, 즉 음악아이가 활성화되는 장소다. 음악은 언어적으로 불가능한 표현도 가능케 하며(Ansdell, 1995), 때로는 모호하고 미묘한 인간의 감정을 표현하는 강력한 수단이 된다(Turry, 1998). 더 나아가 음악은 우리가 누구인가, 무엇을 느끼는가, 무엇을 원하고 필요로 하는가를 말해 주며(Ansdell, 1995), 개인의 음악은 그 자신의 무의식의 상징적 투사다. 즉, 음악적 요소들은 자신의 무의식적 요소들의 상징적 표상인 것이다. 각각의 음

악적 요소는 성격의 특정한 면을 상징적으로 표상하며, 음악
적 과정은 심리적 과정에 부합된다(Bruscia, 1987). 이와 같은
믿음 위에서 Nordoff-Robbins 치료사들은 음악 내에 그리고
음악을 통해 내담자와의 치료적, 음악적 관계를 형성하고 내
담자의 내적, 외적 성장을 돕는다.

　창조적 음악치료의 치료과정은 행동치료나 인지행동치료
와는 달리, 명확한 목표와 단계에 따른 기법 설정, 철저한 목
표 달성, 효과의 객관적 입증 등을 추구하지 않는다. 이것은
치료의 목표와 계획의 달성과 효과 입증 등이 중요하지 않아
서가 아니라, 개인의 내적 경험과 변화 그 자체가 더 유의미
하고, 각 개인의 고유한 내적 경험이나 변화를 객관적 또는
양적으로 측정할 수 없다고 믿는 창조적 음악치료의 철학에
서 비롯된 것이다. 즉, 창조적 음악치료의 과정은 경험적, 개
인적, 주관적으로 이해되며, 일반화된 치료 기법이나 과정
이 존재하지 않는다. 치료사는 내담자와 매 순간(moment to
moment) 서로 접촉하고 교류하고 함께하고 경험함으로써 내
담자의 내적 성장을 통한 외적 변화를 유도하며, 임상적 목표
나 계획 또한 임상적 이유만 분명하다면 세션 진행 중에도 즉
석으로 수정되거나 변화될 수 있다. 그러므로 창조적 음악치
료의 과정은 내담자에 따라, 그리고 치료사에 따라 고유한 형
태를 가진다.

　창조적 음악치료에서는 내담자와의 첫 면접(intake session)
과 진단(assessment)도 음악 안에서 이루어진다. 일반적으로

면접 시에는 여러 다양한 악기를 사용하여 내담자와의 접촉을 시도하는데, 이때 치료사는 음악이 개인의 정서적, 신체적, 정신적 상태를 나타낸다는 창조적 음악치료의 기본 철학을 바탕으로 내담자의 음악적 경향, 소양과 더불어 강점(strength)과 필요(need)를 파악한다. 첫 면접에 대한 기록에는 내담자의 이름, 나이, 성별, 진단명 등과 함께 내담자의 음악적 경향 및 표현에 대한 내용도 포함되며 이러한 음악적 진단을 통해 치료 목표들이 수립된다.

창조적 음악치료는 모든 개인에게 선천적 음악성이 있으며, 이러한 선천적 음악성은 개인의 성장과 발전을 돕는 역할을 한다는 기본적 믿음 위에서 출발한다. 이는 모든 개인에게는 스스로 발전하고자 하는 욕구와 능력이 있다고 믿고, 치료 목표는 개인으로 하여금 이러한 능력을 최대한으로 사용하여 현재의 어려움을 극복하고 자기실현을 성취함으로써 성장할 수 있도록 돕는 것이다. 이는 인본주의 심리학의 기본적인 인간관과 일맥상통한다(Lee, 1996; 2003). 같은 맥락에서, 창조적 음악치료에서는 내담자를 진단명이나 겉으로 드러나는 행동적, 정서적, 신체적 증상들에 따라 분류하여 이해하는 것을 지양하고 고유한 존재 그 자체로 이해하고 받아들여야 한다는 믿음을 가지고 있다. 여기서는 개인과 음악의 접촉, 음악 내에서 타인과의 접촉 등이 중요한 치료적 단계로 간주된다.

Maslow의 욕구단계(hierarchy of needs), 절정 경험(peak experience) 및 자기실현(self-actualization) 등과 같은 개념들은 창조적 음악치료의 철학을 보다 효과적으로 설명하고 있다. 흔히 알려진 것과는 달리, Maslow의 자아초월심리학은 창조적 음악치료의 기본 개념 형성에 영향을 미치지 않았다(Robbins, 2005). Robbins는 창조적 음악치료를 보다 잘 설명해줄 수 있는 심리학 이론을 탐구하는 과정에서 Maslow의 이론을 접하였다.

창조적 음악치료의 철학과 인간관이 인본주의 그리고 자아초월심리학과 가장 유사한 것은 사실이지만, 무의식적 갈등과 역동탐색이 치료의 과정과 목표가 되는 정신역동심리학이 창조적 음악치료의 중요한 바탕이다(Turry, 1998). 정신역동적 개념인 투사(projection), 전이(transference), 역전이(counter-transference) 등은 창조적 음악치료에서 광범위하게 탐색되며, 음악이 일차적인 치료 매개체로 사용되므로 음악적 투사, 전이, 역전이의 탐색 역시 매우 중요하게 다루어진다. Nordoff는 음악적 요소들이 원형(archetype)임을 설명하면서 Jung에 대한 언급을 하였으며, 여기에는 인간의 영혼과 전의식(subconscious)에 존재하며 경험을 통해 살아 움직이는 원형성에 음악이 포함된다고 하였다(Robbins & Robbins, 1991). 따라서 창조적 음악치료의 훈련과 임상에서 중요하게 다뤄지는 음악적 요소들과 이에 대한 내담자의 반응은 원형적 경험과 관련이 있다.

창조적 음악치료에서는 내담자의 모든 음악이 내담자에 관한 중요한 내용들을 담고 있으며 음악적 변화가 곧 개인적 변화를 의미한다고 믿는다. 즉, 내담자의 음악은 그저 단순한 예술 형태의 음악으로 취급되는 것이 아니라 내담자의 정서적, 의식적, 무의식적, 신체적 상태를 나타내는 상징으로 간주된다. 또한 창조적 음악치료에서 자연 발생적이면서도 임상적으로 유도된 음악적 기술과 감성은 내담자가 여러 장애와 장해를 넘어 성장할 수 있도록 돕는 매개체다. 여기서 음악과 음악 경험은 치료사의 개입과 내담자의 발전이 이루어지는 가장 중요한 장소이며, 이는 Winnicott(1971)의 중간현상(Transitional Phenomenon) 및 중간대상(Transitional Object) 이론과 연관된다.

최근 들어 창조적 음악치료의 철학을 설명하기 위해 자주 사용되는 Csikszentmihalyi(1995)의 '최적 경험(Optimal Experience)' 과 '몰입(flow)' 개념은 적절한 수행 목표를 수립하고 성취하는 과정에서 내적 동기가 발생하는데, 스스로 그 과정에 몰입함으로써 최적 경험을 할 수 있다는 것이다. 이러한 몰입과 최적 경험을 통해 내적 동기가 더욱 강화되고, 이에 따라 좀 더 높은 수행 목표를 세우고 몰입하여 성취하는 과정이 되풀이되며, 이러한 반복적 순환을 통해 개인의 능력이 상승되고 창조성이 발현된다. '몰입'은 창조적 음악치료에서 추구하는 자발적 동기유도에 따른 창조적 활동과 그러한 활동을 통한 자기성장 과정을 효과적으로 설명하고 있다.

이와 같이 창조적 음악치료의 철학은 Nordoff와 Robbins가 심취해 있던 Steiner의 인지학(anthroposophy; 人智學)의 영향을 받았고, 개인의 고유 능력 발현과 자기실현을 통한 성장에 가치를 두는 인본주의 및 현상학적 경향이 짙다(Ansdell, 1995). 그러나 개인의 무의식적 갈등에 대한 통찰을 중요하게 여기는 정신분석적 심리학과, 자발적 동기 및 창조적 자기실현을 통한 개인의 발전에 큰 의미를 두는 내적 동기론(Intrinsic Motivation Theory)에 이르기까지 심리학적, 철학적 배경이 지속적으로 확장되어 왔다(Robbins, 2005). 창조적 음악치료는 어느 한 심리학이나 철학 이론에 국한될 수 없으며, 창조적 음악치료의 가장 핵심 철학은 음악과 음악의 힘에 대한 믿음이라 할 수 있다(Robbins, 2005). 이러한 음악에 대한 믿음 안에서 치료사들은 내담자의 임상적 필요에 따라 다양한 심리학적 관점을 적용한다(Robbins & Robbins, 1991).

창조적 음악치료에서는 치료사의 개입이 일차적으로 음악 내에 이루어지며 내담자의 변화와 성장이 음악적 변화와 성장을 통해 확인되므로, 음악 외적인 통로를 통해 아동을 치료에 참여시키려는 노력은 강조되지 않는다(Nordoff & Robbins, 2007). Nordoff와 Robbins가 발달장애 아동을 대상으로 임상을 시작하였기 때문에 창조적 음악치료는 아동을 주 대상으로 하는 치료이며 언어적 개입을 하지 않는 접근으로 간주되기 쉽다. 그러나 창조적 음악치료는 실제로 섭식장애를 가진 청소년과 정신질환을 가진 성인, 치매 노인, 암환자를 비롯한 다양한 내담자를 대상으로 시행되고, 내담자의 필요에 따라 언어적 개입이 활발히 이루어질 수 있다.

음악의 역할이 많은 비중을 차지하는 창조적 음악치료에서는 치료사의 음악성과 음악적 능력이 매우 중요한 치료적 요소로 사용되기 때문에 다른 음악치료에 비해 치료사의 음악적 소양에 대한 기준이 매우 높은 편이다. Nordoff-Robbins 음악치료사가 되려면 자유로운 피아노 연주나 기타 연주가 가능해야 하며, 또한 목소리의 사용에 두려움이 없을 정도의 성악적 능력을 보유해야 한다. 그리고 다양한 음악을 접하고 소화하려는 의지와 노력이 필요한데, 이는 다양한 내담자의 음악에 거부감이나 당혹감을 갖지 않고 적극적으로 대응하고 접촉할 수 있어야 하기 때문이다.

성인 개별 치료를 제외한 대부분의 치료에서는 보통 두 명의 치료사가 팀을 이루어 세션을 진행하는데, 주 치료사(primary therapist)는 피아노에서 내담자와의 음악적 교류를 담당하고, 협력치료사(co-therapist)는 내담자가 음악 안에서 최대한으로 반응, 표현, 교류할 수 있도록 도와준다. 일반적으로 개별 치료인 경우는 음악을 담당하는 치료사가 리더 역할을 하며, 집단치료의 경우는 내담자들과 물리적으로 보다 가깝게 교류하는 치료사가 리더의 역할을 담당한다.

치료는 일반적으로 주 1회 시행되며, 한 세션은 보통 30분이 기준이지만, 성인의 경우 50분을 기준으로 하기도 한다. 아동과의 세션은 인사노래(hello song)로 시작하여 마침노래(good bye song)로 끝나는데, 인사노래에서 마침노래까지 각 세션의 임상적 목표에 따라 다양한 악기와 목소리를 이용한

즉흥연주, 미리 작곡된 곡 연주, 음악극 등의 활동들이 이어
진다. 세션에서 사용되는 음악은 임상과정에서 즉흥적으로
창조되기도 하고 이미 작곡된(pre-composed) 곡이 사용되기
도 한다. 이때 이미 작곡된 모든 곡들 역시 임상 과정에서 즉
흥적으로 창조된 것을 다듬어 완성한 것으로, '창조적'이고
'교류적'으로 재사용된다(김동민, 2006: 332-370). 예를 들어,
〈예시 2-14〉의 인사노래를 치료사가 내담자의 북 연주를 반
영하고 이를 활성화하기 위하여 〈예시 2-15〉와 같이 춤곡의
느낌을 주는 원곡의 3/4에서 한 박자가 모자라는 느낌, 즉 박
자를 당겨서 앞서 나가는 느낌을 주는 5/4박자로 변박하고 의
도적으로 페달을 사용하지 않고 연주할 수 있다.

예시 2-14 인사노래 원본

예시 2-15 제시된 인사노래의 창조적/교류적 사용

또한 〈예시 2-16〉과 같이 치료사는 의도적으로 가사의 문장 끝음절을 지연시킴으로써 내담자의 참여를 유도할 수 있다. 창조적 음악치료에서는 이러한 기법을 '마이너스 원(-1) 테크닉'이라고 한다.

예시 2-16 마침노래에서 내담자 참여 유도하기

이와 같이 창조적 음악치료에서는 같은 음악도 내담자의 필
요와 치료의 목표에 따라 즉흥적이고 창조적으로 변환되며, 이
때 치료사는 앞서 설명한 임상적 음악성을 사용하여야 한다. 즉,
치료사가 창조하는 음악에는 항상 임상적 이유가 있어야 한다.

현재, 세계 Nordoff-Robbins 음악치료 협회가 인정하는
Nordoff-Robbins 음악치료 프로그램이 공식적으로 제공되는
나라는 미국, 영국, 독일, 호주, 스코틀랜드, 한국 등이며, 그
밖에 여러 국적을 가진 Nordoff-Robbins 음악치료사들이 세
계 각국에서 다양한 문화적, 언어적 배경을 가진 내담자와
역동적인 임상활동 및 연구를 하고 있다. 미국, 영국, 독일, 호
주, 스코틀랜드 그리고 우리나라에 위치한 Nordoff-Robbins
음악치료 센터에서는 1년 이상의 집중적이고도 전문적인 훈
련을 통해 Nordoff-Robbins 음악치료사를 양성하고 있다.
2005년까지 모두 여섯 명의 한국 국적을 가진 Nordoff-Robbins
음악치료사들이 배출되었으며, 2004년 이화여자대학교 부

설 음악치료 클리닉이 Nordoff-Robbins 음악치료 프로그램을 제공하는 클리닉으로 공식 지정되어 한국의 사회문화적 특성을 고려한 '한국적 창조적 음악치료'가 활발히 시행되고 있다(김동민, 2006: 332-370).

## 4. 초월심리학적 음악심리치료

여러 음악심리치료 기법 중 초월심리학적으로 사용되는 치료 기법으로는 '심상유도와 음악(Guided Imagery and Music: 이하 GIM)', 그리고 이후 Lisa Summer가 개발한 '음악과 심상(Music and Imagery: 이하 MI)'을 들 수 있다. GIM은 처음 Helen Bonny가 개발하였는데, 그녀는 캔자스 대학교에서 바이올린과 음악치료를 전공한 후 미국 동부 메릴랜드 주에 있는 정신병원에서 정신장애 전문가 및 연구자들과 약물중독, 분열성을 가진 내담자를 대상으로 음악이 LSD(Lysergic Acid Diethylamide)와 같은 환각제를 사용하였을 때와 마찬가지로 각성을 경험하게 할 수 있다는 연구를 수행하면서 전치된 의식 상태를 유도하기 위한 음악감상 기법과 프로그램을 개발하였다(Summer, 1990).

GIM 기법은 매우 장기적인 기간을 거쳐 훈련을 받아야 하는 과정을 필요로 하고, 한 회기 시간이 1시간 30분에서 2시간 정도라서 음악치료사들이 실제 임상에서 사용하는 데는 현실적이고 기술적인 어려움이 있다. 이에 Summer는 심상유도와 관련된 음악 활용을 크게 심층적 수준(big container)과 단

편적 수준(small container)으로 나누어 활용할 것을 제안하면
서 심층적 수준에서는 GIM을, 단편적 수준에서는 사용할 수
있는 기법으로 MI를 개발하였다. 두 가지 접근의 차이를 보면
GIM은 심화된 심리치료방법으로 음악으로 심상을 유도한 다
음 지속적으로 심상의 전개와 발전을 치료사가 언어적 개입을
통해 촉구하는 반면, MI는 초기에 음악으로 심상을 유도한 다
음 내담자가 자발적으로 심상과 상호작용하게 한다. 이 두 가
지 접근에 대한 차이는 〈표 2-1〉과 같다.

〈표 2-1〉 GIM과 MI의 차이점

| | 가이딩 | 내담자의 역할 | 치료사의 역할 | 필요한 전문성 및 자격 |
|---|---|---|---|---|
| MI | 심상에 대한 언어적 지시 없음 | 내담자는 음악을 감상하며, 이를 통해 심상을 경험함 | 치료사는 내담자의 이슈에 따라 음악을 선곡하여 감상하며 감상 동안의 경험을 그림과 같은 다른 예술 매체를 통해 표현하게 하고, 경험된 심상에 대해서 이야기함 | 지지적 음악심상 기법과정(Level 1)과 재교육적 음악심상기법(Level 2) 과정으로 나뉘어져 있음. Music & Imagery Therapist (MIT) 자격증을 취득해야 함 |
| GIM | 심상 전개에 대해 언어적 지시 제공 | 내담자는 음악을 감상하면서 경험하는 심상들을 치료사에게 언어적으로 서술함 | 치료사는 내담자에게 심상의 전개를 언어적으로 지지해 주고 안내해 주며, 내담자와 대화의 형태로 심상에 대해 질문하고 이에 대한 정보를 얻음으로써 심상을 치료적 차원에서 경험할 수 있도록 도움 | 3단계로 이루어진 GIM 전문가 과정을 모두 이수하고 'Fellow'를 취득해야 함 |

## 1) 심상유도와 음악(GIM)

### (1) GIM의 단계

먼저 GIM에서는 네 단계로 진행되며, 각 단계에 해당되는 구체적인 절차는 다음과 같다. 세션 시간은 평균 1시간 30분에서 2시간 정도 진행된다. 첫 번째 단계에서는 세션의 방향과 목표 그리고 내담자의 심리적 이슈를 탐색한다. 현재의 어려움 또는 일어난 사건에 대한 감정, 관계적 문제 등 내담자가 가진 문제를 조명한 다음 이에 따라 심상 경험에 들어가는데 필요한 시작점과 이와 관련된 음악 프로그램을 선택한다. 가끔, 내담자가 명확히 세션에서 어떠한 문제를 다루어야 하는가에 대해서 이야기하지 못하거나 여러 가지 모호한 감정이나 양가감정을 가지고 있는 경우는 그냥 열린 마음으로 심상 경험을 시작하는 경우도 있다.

두 번째 단계에서는 심상 경험에 필요한 이완 활동을 간단히 한다. 이에는 여러 가지 심상 스크립트를 사용할 수도 있으며 점진적 근육이완기법 또는 오토제닉 이완기법을 사용한다.

세 번째 단계에서는 약 30~40분 동안의 음악 감상을 시작한다. 그날 토론된 세션의 초점과 방향에 따라 치료사가 선정한 음악 프로그램을 감상하면서 심상 경험에 들어간다. 심상을 하는 동안 치료사는 내담자가 무엇을 경험하는지 지속적으로 확인한다. 심상은 촉각적, 시각적, 직감적 등으로 다양한 감각적 경험을 모두 포함한다. 치료사는 절대로 심상을 특정 방향으로 주도하거나 이끌지 않으며, 극히 중립적인 입장에서 내담자의 경험을 간접적으로 경험한다. 이러한 간접적 경험을 위해 내담자와 충분히 대화를 하면서 어떠한 심상을 어떻게 경험하고 있는지에 대한 정보를 얻어야 하며, 이러한 정보를 토대로 내담자가 경험하는 심상이 안정적인지, 그렇지 않다면 어떻게 도와야 하는지를 판단한다. 그리고 필요한 경우 음악을 활용하는 방법, 또는 심상에 대처하는 방법을 제시한다.

마지막으로 음악과 심상 경험을 마치고 나면, 치료사는 내담자에게 그림 작업, 시 쓰기 또는 동작을 통해 자신이 경험한 심상에서 가장 선명하게 남는 부분이나 인상적이었던 부분을 시각화하거나 체현하도록 한다. 치료사와 내담자는 감상하는 동안 경험들을 같이 탐색하고 이야기하면서 보인 심상들이 내담자의 내적 세계, 혹은 현실과 어떻게 연관 지어질 수 있는지를 이야기한다. 이 과정에서 치료사는 내담자의 통찰력을 유도하며 이러한 부분이 실제 삶에 적용될 수 있도록 격려한다(Burns & Woolrich, 2004).

## (2) 심상의 치료적 의미와 분류

Summer(1990)는 GIM을 이해하려면 '심상(Imagery)'의 의미를 충분히 알아야 함을 강조한다. GIM에서 감상 동안 다루어지는 심상은 내적 경험의 신화적이고 원형적인 그리고 상징적인 이미지 혹은 형태들을 포함한다. 여기서 상징(symbol)은 그 자체가 지니고 있는 본질적인 의미 외에 개인적 의미를 담은 표상을 말하며, 원형(archetype)이란 내면세계의 우주적 표상이라 할 수 있다(Jung, 1974).

심상이란 시각적인 상은 물론 이를 포함하여 훨씬 더 넓은 감각적 의미의 상까지 포함한다. 흔히 꿈은 모든 사람들이 경험하는 심상의 한 형태라고 본다. 심상은 꿈과 유사하게 감각적(kinesthetic)이기도 하며, 촉각적, 청각적 또는 감각운동적인 내용이 담겨 있는 경우도 있다. 예를 들어, 특정 신체 부위의 통증이나 두통, 근육의 뭉침 혹은 결림 등이 있을 수 있으며, 정서 및 감정적 반응으로는 슬픔, 기쁨, 각성, 흥분, 공포 등이 있고, 감각적인 반응으로는 오싹함, 추위, 더위, 축축함 등이 있다. GIM에서 심상은 이러한 다양한 감각적 상들을 의미하며, 상은 다양한 내용과 강도로 제시된다. 이러한 심상들은 음악을 통해 자극된 내면의 문제나 감상 동안의 경험을 감각적으로 표현해 준다는 데 의미가 있다. 내면의 다양한 심리적인 이슈들은 음악을 통해 수동적으로 심상 형태로 유도되지만, 치료과정에서 이들은 극히 역동적으로 작용한다.

심상은 음악을 통해 자극되고 체험되며 정서 및 감정과 연관되어 있다. 심상은 인간의 외부 세계와의 상호 교류에서 일어나는 내적 갈등의 표상이며, 이에 대한 긴장을 표현해 주는 상징적인 역할을 한다. 외적 현실의 효율적인 기능을 위한 내적 현실(psychic reality)의 이해가 중요하다는 전제하에 음악으로 유도된 심상들은 개인의 내적 세계를 이해하기 위한 치료 과정에서 의미 있는 역할을 한다.

Grocke와 Wigram(2007)은 심상이 내담자의 내적 문제를 상징하는 하나의 '상' 또는 '은유(metaphor)'이기도 하며 내담자의 심리적인 힘과 나약함 그리고 내적 자원에 대한 표상이라고 하였다. 즉, 음악을 통해 유도된 심상은 내담자가 삶을 이야기하는 방법 중 하나이며, 이와 관련된 에피소드와 감정들을 표현해내는 것은 심리치료적 기회라 할 수 있다. Grocke(2002)는 〈표 2-2〉와 같이 여러 내담자들의 심상을 유형별로 분류하였다.

〈표 2-2〉 음악으로 유도된 심상의 종류와 형태(Grocke, 2002)

| 시각적 심상 | 색깔, 형태, 장면들, 사람, 동물, 물(호수, 강가, 바다 등) |
|---|---|
| 기억 | 어릴 적 기억, 의미 있는 사건과 감정 회상 |
| 감정과 느낌 | 모든 감정의 스펙트럼: 슬픔, 기쁨, 행복감, 애도, 공포, 분노, 놀람 등 |
| 신체적 감각 | 가벼운 느낌, 무게감, 감각의 둔마, 몸에서의 분리감, 공중에 뜨는 기분, 떨어지는 기분, 돌아가는 기분, 몸의 변화 |
| 몸의 움직임 | 심상에 따라 몸이 움직이는 것을 경험. 예를 들면, 손이 특정 모양을 만들거나, 심상에 따라 팔을 펴서 잡으려고 하거나, 분노를 경험하면서 주먹을 강하게 쥠 |
| 신체화된 경험 | 신체 내 오장육부에 감지되는 감각을 의미함. 가슴에 통증을 느낌, 특정 기관을 탐색함. 몸에 긴장을 느낌 |
| 전치된 청각적 경험 | 음악이 멀리 또는 가깝게 들림. 특정 악기 소리가 부각됨 |
| 완전한 음악적 전이 | 음악적 전개에 완전히 몰입되어 심상을 경험함 |

| 음악적 전이를 통한 연상 | 음악과 관련된 기억을 떠올리면서(결혼식, 장례식 등) 자신이 음악을 직접적으로 연주하는 장면을 연상하거나 현재 감상하고 있는 음악을 연주하는 연상을 하는 것 |
|---|---|
| 추상적 심상 | 안개, 구름 등 명확한 형태가 없는 것 |
| 영성적 이미지와 영적 경험 | 빛으로 끌리거나 빛의 열기를 가깝게 느끼는 것 또는 종교적인 장소(교회, 성당 등)에 있거나 성직자와의 상호작용을 경험하는 것 |
| 초월주의적 경험 | 신체가 작아지거나 커지는 등 신체적 변화를 경험함(세포의 변화, 몸의 한 부분이 변화하는 등). 또는 다른 형태의 물체로 변형을 경험함. 예를 들면, 새가 되거나, 특정 경험이나 사건과 동일체되는 등의 특이한 경험 |
| 원형적 경험 | 전설적인 인물이나 영화 속의 주인공과 관련된 경험. 예를 들어, 로빈 후드, 도깨비, 삼신할머니 등 |
| 대화 | 내담자의 삶에서 의미 있는 존재와 대화를 하거나 특정 메시지를 전달함. 예를 들면, 부모와 같은 존재가 나타나 대화를 함. 이는 내담자 자신의 어떤 한 부분이 인간의 형태로 상징되거나 유의미한 동반자로 상징되는 것임 |
| 자기 그림자 | 내담자가 매우 싫어하는 대상이 (주로 동일한 성으로) 나타남. 이런 경우 그 대상의 어떠한 측면을 내담자가 싫어하는지 충분히 이해하는 것이 좋음 |
| 상징적인 형태 | 아주 긴 터널, 블랙홀, 씨앗의 발아 등의 이미지는 특정 변화나 전이를 상징함. 요람, 여행, 우주, 세 갈래 길 등의 상징적인 형태는 내담자에게 특정한 의미를 지님 |

이러한 심상들은 원형과 상징적 이미지로 표현되는데, 이에는 여러 가지 분석적 의미를 내포하고 있다. Jung(1974)은 본능과 같은 일차적 프로세스는 무의식 차원에서 자기충족, 생존 그리고 항상성을 추구하는데, 이는 기억과 충동을 표현해 주는 '원형(archetype)'으로도 상징되어 표현될 수 있다고 하였다. 또한 자아는 인간을 원형과 같은 창조적 표현 형식을

통해 인간의 본질적인 부분을 상으로 보여 줌으로써 완전한 존재(being)로 향하게 하는 방법과 목적 그리고 방향을 제시해 준다(Austin, 1996). 이러한 시각에서 음악으로 유도된 원형은 심상의 하나일 수 있으며, 내재된 원초적인 욕구(need)와 본질을 표현시켜 주는 역할을 한다. 그러므로 GIM에서 반복되는 심상이나 원형 등은 매우 유의미하다고 볼 수 있다.

그 밖에 심상은 치료사가 제시하는 심상도 되고, 가끔은 내담자가 자신의 과거나 추억의 한 장면에서 안정적인 장소와 공간으로 상징될 수 있는 곳을 떠올리게도 한다. 때로는 꿈의 한 장면을 심상으로 설정하기도 한다. 여러 가지 의미에서 심상은 정서에서 매우 치유적인 의미를 함축하고 있다.

### (3) GIM 음악

GIM에서 음악 선곡은 치료사가 내담자와 면담을 거친 다음에 내담자의 상황과 심리적 문제에 따라 선택된다. 여기서 음악은 하나의 '자극제(input)'가 아닌 다양한 소리 자극의 형태와 패턴으로 구성된 복합체이므로 음악을 구성하는 요소들을 고려하여 선곡해야 한다. Bonny(2002)는 음악 선율의 흐름, 다이내믹의 범위, 화성의 구조, 리듬, 연주 형태 등을 중심으로 다양한 감정 영역과 심리적 작업에 사용될 수 있는 음악 프로그램(listening programs) 시리즈를 개발하였으며, 지속적으로 GIM 치료에서 활용되어 오고 있다. 이 중 12개는 기본 프로그램(core programs)으로 분류된다. 각 프로그램은 음악을 이용하여 내담자의 심리적 필요에 따라 내담자를 지지하고 심상을 유도하고 그 경험을 심화시켜 줄 수 있는 곡들을 나열하여 수록하고 있다(Wigram et al., 2002).

치료사는 적절한 음악을 선택함으로써 내담자의 내면적인 욕구와 필요(needs)에 대한 접근을 시도한다. 면담과정을 거쳐서 치료사는 내담자의 내면적인 갈등을 이해하고 충분히 감정이입함으로써 그의 내면적인 문제가 같이 공유되고 반영되고 있다는 것을 충분히 전달한다. 음악과 심상기법의 치료 목표는 음악의 심미적 경험이 아닌 심리적 작업이므로 치료사는 음악에 대한 내담자의 반응과 경험이 더 중요하다는 것을 기억해야 한다. 즉, 지지적인 음악이나 도전적인 음악만이 좋은 것이 아니라, 내담자의 상태, 태도 및 필요에 따라서 지지적인 음악 혹은 도전적인 음악이 선택적으로 활용될 수 있다. 또한 대상에 따라 같은 음악을 받아들이는 과정에서 그 반응이 달라질 수 있음을 유념해야 한다. 즉, 너무 단순하고 복잡성(complexity)이 적은 예측적인 음악은 안정적인 정서만을 강화시키기 때문에 내담자가 작업해야 할 감정 영역을 다루지 못한다.

이에 반해 적절한 복잡성과 구조의 비예측성 그리고 전개의 모호함은 최소의 불안은 물론 새로운 심상을 자극하고 유도할 수 있는 역할을 한다. 하지만 이 복잡성이 내담자가 감당할 수 있는 정도 그 이상이라면 이는 필요 이상의 불안을 유도한다. 그러므로 음악은 적절하게 내담자를 밀었다 당겼다 하는 역할을 할 수 있어야 하는데, 이는 마치 엄마(음악)가

아이(내담자)를 품에 안고 있다가 잠시 놀도록 내보냈다가 다시 안아 주는 비유로 표현될 수 있다(Burns & Woolrich, 2004). GIM 세션에서 음악이 갖는 역할과 기능이 유의미한 만큼 음악치료사는 심상을 유도하는 데 사용되는 음악에 대한 전문적 지식을 가져야 한다(정현주, 2006).

음악을 듣는 단계에 들어갈 때 치료사가 어떠한 지시를 제시하는가에 따라 내담자가 음악을 받아들이는 수준이나 깊이가 달라질 수 있다. 이에 Summer(2009a)는 음악이 가진 치유적 특성을 중심으로 음악-중심 GIM(Music-centered GIM)을 개발하였으며, 감상 동안 치료사가 내담자로 하여금 음악에 집중하도록 하는 데 필요한 언어적 지시, 즉 가이딩(guiding) 기법을 연구하였다. 즉, 음악 안에서의 변화와 역동을 심상과 연계시킴으로써 음악의 초월적인 힘을 사용하게 하는 데 초점을 맞추었다. GIM에서의 음악은 치료사만큼의 주 치료사 역할(music as therapy)을 하기 때문에 GIM 치료사는 심상에 필요한 음악을 충분히 활용하게 하는 적절한 가이딩 기술을 훈련받는다. 가이딩에는 다양한 방법들이 있는데, 그 예는 〈표 2-3〉과 같다.

〈표 2-3〉 심상 유도를 위한 가이딩의 예

| 심층감상(deep listening)을 위한 가이딩 | • 음악 소리에 귀 기울여 보세요. |
|---|---|
| | • 잠시 동안 음악에 몰입해 보세요. |
| | • 음악이 들리도록 자신을 허용하세요. |
| | • 소리가 주는 경험을 즐겨 보세요. |
| | • 자신이 그렇게 노래한다고 생각해 보세요. |
| | • 충분히 시간을 갖고 감상해 보세요. |

| | |
|---|---|
| 열린 감상(open listening)을 위한 가이딩 | • 가능한 마음을 열고 음악을 받아들이세요.<br>• 음악에 집중해서 들어 보세요.<br>• 음악을 받아들이세요.<br>• 마음을 열어 보세요.<br>• 음악이 들어올 수 있도록 허용하세요. |
| 음악을 설명하는 가이딩 | • 음악이 들리나요?<br>• 음악이 어떻게 들리나요?<br>• 음악을 어떻게 경험하고 있나요?<br>• 음악을 통해 어떤 것을 경험하나요?<br>• 음악이 바뀌고 있나요? 어떻게 바뀌고 있나요? |

## (4) GIM 사정 척도

여러 음악심리치료 기법 중에서 음악과 심상기법이 내담자에게 적합한 활동인지를 사정하는 것은 매우 중요한 일이다. 심상은 추상적 사고가 가능해야 하기 때문에 이에 대한 치료사의 진단이 충분히 있어야 한다. Summer(1990)는 몇 가지 항목을 중심으로 이러한 적합성 판단을 할 수 있다고 하였다. 첫째, 내담자는 상징적인 사고가 가능해야 하며, 둘째, 현실과 상징적 사고를 구별할 수 있어야 한다. 셋째, 자신의 경험을 치료사에게 전달하고 소통할 수 있어야 하며, 마지막으로, 이러한 음악과 심상 경험을 통해 긍정적인 성장을 할 수 있어야 한다.

MI는 보편적으로 사용될 수 있는 음악심리치료 기법이지만, GIM는 1시간 30분에서 2시간에 걸쳐 진행되기 때문에 내담자, 음악 그리고 심상 간의 교류가 치료적으로 일어나야 한다. 이에 Bruscia(1996)는 내담자를 위한 GIM 기법의 적합성

여부, 그리고 초기 단계의 사정적 목표를 위해 GIM 반응척도
(Responsiveness Scale)를 개발하였다. 이는 GIM이 매우 심층적
인 기법인 점을 고려하였을 때 내담자가 음악을 심리치료적
촉구제로 사용할 수 있는지, 그리고 이 경험을 통해 자신의
내면세계와 만날 수 있는지에 대한 사정 자료가 될 수 있다.
또한 이것은 세션의 전개에 따라 GIM의 효과성을 보여 줄 수
있는 척도라고 하였다.

〈표 2-4〉 음악과 심상 사정 척도

| 감상자: | | |
|---|---|---|
| 성별: | 연령: | 이전의 세션 경험 수: |
| 날짜: | | 치료사: |
| 프로그램: | | 도입: |
| **이완** | | |
| ___ 도입에 대한 반응 | 음악 심상 경험에 들어가기 전 준비 단계에서 제시된 이완 지시에 어느 정도 반응하는가?<br>5 = 매우 자유롭게 의지를 보임 | |
| ___ 이완의 깊이 | 음악 심상 경험에서 의식 상태가 어느 정도 깊어졌는가?<br>5 = 매우 깊어짐 | |
| ___ 이완 상태의 연속성과 기간 | 음악 심상 경험 동안 이완 상태를 얼마간 유지하였는가?<br>5 = 지속적으로 전치된 상태에 머무름 | |
| ___ 이완의 몰입 | 음악 심상 경험이 진행되는 과정에서 전치된 또는 이완 상태에 몰입할 수 있었는가?<br>5 = 깊은 전치 상태를 보여 주는 충분한 반응을 보임(신체, 얼굴, 정서, 심상, 속도감, 언어적 능력 등) | |

| 심상 경험 | |
|---|---|
| ___ 생산성 | 감상자가 내면 경험에 대한 심상을 얼마나 도출할 수 있었는가?<br>5 = 매우 자유롭고, 즉흥적으로 함 |
| ___ 속도감 | 감상자가 각 심상을 얼마나 충분히 다루었는가?<br>5 = 심상 경험 동안 각 심상들을 충분히 다룸 |
| ___ 명확함 | 각 심상들을 어느 정도 명확하게 경험하였는가?<br>5 = 매우 명확하게 경험함 |
| ___ 신체 경험 | 심상에서 신체적인 부분은 어느 정도였는가?<br>5 = 심상들을 신체적으로 충분히 경험함 |
| ___ 감정적 경험 | 심상들을 어느 정도 감정적으로 경험하였는가?<br>5 = 심상에 대해서 충분히 감정적으로 경험함 |
| ___ 일치감 | 감상자의 감정적인 그리고 신체적인 반응들이 어느 정도 심상과 일치하였는가?<br>5 = 심상의 많은 부분들이 감상자와 그의 삶에 대한 것임 |
| ___ 관여성 | 심상 내에서 감상자는 심상의 구성요소/개체로서 어느 정도 적극적으로 참여하였는가?<br>5 = 심상 내에서 적극적인 개체로 참여함 |
| ___ 감각적 경험 | 감상자는 쉽게 심상들을 감각적으로 다양하게(시각적, 촉각적, 청각적 등) 경험할 수 있었는가?<br>5 = 다양한 감각을 통해 심상을 경험함 |
| ___ 열림 정도 | 평범하지 않거나 현실적이지 못한 심상들에 대해서 감상자는 어느 정도 열려 있었는가?<br>5 = 현실 초월적 심상들을 충분히 경험함 |
| ___ 수용성 | 감상자는 스스로의 심상과 내적 경험에 대해서 어느 정도 수용적이었는가?<br>5 = 심상에 대해서도, 언어적 서술에 대해서도 매우 수용적임 |
| **음악적 경험** | |
| ___ 심상과 음악과의 관계 | 감상자의 심상들이 음악과 맞물려서 어디까지 진행되었으며, 그에 따른 변화를 보였는가?<br>5 = 음악과 지속적인 관계를 보임 |
| ___ 신체 경험 | 감상자는 신체적으로 어디까지 음악에 반응하였는가?<br>5 = 음악에 충분히 신체적 반응을 보임 |

| | |
|---|---|
| ___ 감정적 경험 | 감상자는 어느 정도 음악에 감정적으로 반응하였는가?<br>5 = 감상자는 충분히 음악에 대한 감정적 반응을 보임 |
| ___ 음악의 활용 | 심상 경험을 하는 동안 감상자는 음악으로부터 어느 정도 도움을 받았는가?<br>5 = 매우 많은 도움을 받음 |
| **치료사에 대한 반응** | |
| ___ 설명하기 | 감상자가 심상에 대해서 적절한 시점에서 충분히 설명하였는가?<br>5 = 매우 만족스러운 정도로 서술함 |
| ___ 반응도 | 치료사의 가이드에 대해서 어느 정도 반응하였는가?<br>5 = 치료사의 지시에 즉각적으로 반응함 |
| ___ 가이드의 활용도 | 감상자는 치료사의 가이딩을 어느 정도 도움이 되었다고 느끼는가?<br>5 = 매우 도움이 되었다고 느낌 |
| **언어적 프로세싱** | |
| ___ 의지력, 적극성 | 심상 경험을 어느 정도 나누고 세부적인 내용들을 이야기하려고 하였는가?<br>5 = 모든 것을 탐색하고 나누려는 열린 마음을 보임 |
| ___ 편안함 | 감상자가 심상 경험과 음악에 대해서 서술하는 과정에서 어느 정도 편안함을 느꼈는가?<br>5 = 매우 편안해함 |
| ___ 관심 | 감상자가 심상들을 이해하는 데 어느 정도 관심을 보였는가?<br>5 = 매우 관심 있어 함 |
| ___ 관련성 | 감상자는 자신의 심상 경험이 그의 삶과 관련지을 수 있다고 생각하는가?<br>5 = 매우 관련이 깊다고 생각함 |
| ___ 의미 | 감상자는 GIM이 의미 있다고 생각하였는가?<br>5 = 매우 의미 있어 함 |
| ___ 안정감 | 감상자는 심상 경험 이후 안정적으로 언어적 프로세스에 참여하였는가?<br>5 = 매우 안정적으로 참여함 |

또한 내담자의 기능에 따라서 음악과 심상 기법을 사용할 때 다음 사항들을 숙지해야 한다. 첫째, 내담자가 추상적인 사고나 이해 능력이 약하거나 혼란감을 경험한다면 음악 역시 비교적 짧은 곡으로 선택한다. 둘째, 혼란 상태에 있는 내담자의 경우는 스크립트의 내용 역시 매우 지시적이고 분명해야 하며 신체적 경험보다는 인지적인 내용을 중심으로 다룬다. 셋째, 타인에 대한 의식을 많이 하는 내담자의 경우는 이완을 하는 동안 다른 사람이 자신을 보는 것에 대해서 매우 불편할 수 있으므로 눈을 감는 것과 감지 않는 것 중에 선택을 할 수 있도록 한다. 마지막으로, 심폐 기능에 문제가 있는 경우는 호흡을 유도할 때 편안한 정도의 호흡을 할 수 있도록 해준다. 너무 과장된 호흡으로 심폐 기능에 무리가 될 만한 것은 피한다(Grocke & Wigram, 2007).

## 2) 음악과 심상(MI)

### (1) MI 경험의 수준

MI는 전개되는 깊이에 따라 크게 세 가지 수준(level)으로 구분되어 전개된다. 첫 번째 수준은 지지적 수준으로, 음악을 통해 심상을 유도함으로써 내담자가 가진 내적 또는 외적 환경에 존재하는 지지적 자원을 인식하고 확인하는 데 초점을 둔다. 이 지지적 수준에서의 MI는 다음과 같은 목표를 지닌다(Summer, 2009b).

- 치료사와 신뢰적 관계형성
- 치료적 과정에 대해서 배우고 그 의미를 수용
- 음악을 통한 치유적 경험
- 자신을 돌볼 수 있는 능력
- 타인에 대한 긍정적인 시각과 자세
- 자신에 대한 긍정적인 시각
- 대응력 또는 기술
- 긍정적인 성격 특성 강화와 자긍심 향상

두 번째 수준은 재교육적 수준이라고 하며, 이 수준에서의 MI는 다음과 같은 목표를 지향한다.

- 삶에서 대면하는 문제, 갈등, 긴장 등을 직접적으로 대면하고 감당하는 능력
- 일상생활에 기능할 때 부정적 영향을 미치는 문제와 행동 패턴을 규명
- 자신에 대한 수용적 자세 강화
- 자신의 행동 패턴과 성격 문제에 대한 통찰
- 행동 패턴에 대한 중재적 전략 강화

세 번째 수준은 재구성적 수준이라고 하며, 이 수준에서의 MI는 다음과 같은 목표를 지향한다.

- 초월적 또는 절정 경험을 통해 행동, 성격, 문제 행동을 변화시킴으로써 그것에서 비롯되는 삶의 문제들을 최소화

- 이러한 문제에 대한 근본적이고 본질적인 원인을 내면세
계에서 규명함으로써 문제에 대한 교정적 시각이나 새로
운 시각을 얻고, 더 나아가 관계적 또는 사회적 이슈 해결
에 전이할 수 있는 능력

### (2) MI 단계

MI는 크게 5단계로 전개된다. 첫 번째 단계는 세션에 필요
한 이야기를 나누는 전주(prelude)라고 하며, 이 단계의 목적
은 세션의 목표를 정하는 것이다. 현재 일상에서의 생활은 어
떤지, 어떠한 심리적 문제가 있는지, 또는 지난 세션 이후에
특별한 변화가 있었는지 등 현실 세계에 대한 시각들을 나눈
다. 집단 세션의 경우도 한 사람씩 돌아가면서 각자 어떠한
상태인지를 나누는 것이 중요하다.

두 번째 단계는 전이(transition)라고 하는데, 이 단계에서 치
료사는 내담자와 앞에서 나눈 내용을 토대로 자신의 기분과
정서 상태를 인식하고 이에 따른 내적 필요(needs)를 규명하
도록 한다. 특히 집단 세션일 경우, 집단의 구성원들은 각기
다른 정서와 감정 상태에 있으므로 치료사는 순발력 있게 집
단의 동질감을 형성할 수 있는 하나의 공통 주제와 초점을 정
하는 것이 중요하다. 이러한 초점을 규명하기 위해 잠시 내담
자는 눈을 감고 자신의 기분과 긴장도에 집중하면서 떠오르
는 이미지가 있다면 충분히 그 심상과 만나도록 한다. 그다음
눈을 뜨고 무엇을 경험했는지와 무엇을 느꼈는지를 이야기한

다음 세션을 위한 심상을 정한다. Goldberg는 세션 시작에서 정하는 심상을 '창문(window)'이라고 하였는데, 이는 현실(외부)세계에서 내담자의 내면세계로 연결하는 문과 같은 역할을 하기 때문이라고 하였다(정현주, 2006, 재인용).

세 번째 단계는 도입이다. 이 단계의 목표는 내담자의 긴장(tension)을 심상으로 전이시키는 것인데, 먼저 몸(호흡, 신체)에 집중하도록 하고, 이에 따른 심상을 떠올리게 한 후 이 심상을 음악과 관련짓게 한다.

네 번째 단계는 음악 감상인데, 이 과정에서는 5~7분 정도 음악을 듣는다. 이 세션 동안 치료사는 이 시간의 목적이 음악을 감상하는 것이 아니라 음악이 주는 여러 가지 감정이나 심상들을 탐색해 보는 것임을 주지시키고, 열린 마음을 갖도록 한다. 세션의 목적을 구체적으로 설정하고 들어가기 때문에 음악적 전개가 단순한 곡을 반복해서 듣는 등 극히 구조화된 음악을 활용하는 것이 중요하다.

마지막 단계는 후주(postlude)라고 하는데, 여기서는 음악과 경험한 심상에 대한 의미를 언어적으로 표현하고 탐색해 보는 시간이다. 특히 집단 세션의 경우, 음악을 감상하는 동안에는 개인적으로 심상을 경험하지만, 프로세스 시간에는 개인적 경험을 공유함으로써 집단의 경험으로 확장한다. 여기서 프로세스란 감상 이후 나누어진 심상에 대해 개인적으로 어떤 의미가 있는지, 혹은 현실에서 벌어지는 문제와는 어떠한 관련이 있는지에 대해 이야기를 나눈 다음 다른 집단 구성원의 의견과 그 심상에 대한 지지와 공감을 이끌어 냄으로써 집단의 치료적 역동성을 높이는 것을 의미한다. 세션 종료 시 치료사는 내담자들에게 새롭게 알게 된 부분을 어떻게 삶에 적용시킬 것인지를 생각하게 하고, 다음 세션까지 이에 대해서 충분히 열린 마음으로 탐색해 볼 것을 권유하면서 마친다(Summer, 2009; Summer & 정현주, 2006).

이와 같이 음악과 심상(MI) 기법은 감상을 통해 심상에서 다루어진 심리적 문제를 충분히 탐색하면서 치료적 전개를 유도한다. GIM도 전치된 의식 상태에서 음악을 들으면서 심상을 경험하는 치료 방법이었으나 이후 여러 가지 형태와 수준에서 그 접근이 다양화되었다. GIM은 Bonny의 제자들이 지속적으로 치료 현장, 대상 그리고 방법에 따라 변형시켜 왔으며, 기존의 음악심리치료 목표 외에도 음악-심상을 이용하여 영적 성장, 자기 분석 등 여러 가지 목표를 위해 활용될 수 있는 접근의 가능성들을 탐색하였다.

GIM은 짧은 역사와 심화된 훈련과정이 필수적으로 요구되는 기법임에도 불구하고 음악심리치료 영역에서 매우 주요 치료 기법으로 자리 잡고 있다. GIM과 MI는 모두 음악 중심(music-centered) 기법이면서 동시에 방법 중심(method-centered)의 기법이므로, 음악치료 전문가들 외에 심리치료, 정신분석 전문가들에게도 매우 치료적인 기법임을 인정받고 있다. 특히 심리치료 현장에 있는 전문가들은 음악의 치료적 특성을 인정하고 하나의 치료 기법으로 많은 관심을 보이고 있으며, 이를 임상에 적극적으로 활용하고 있다.

3

음악심리치료의
대상과 접근

음악심리치료의 대상들은 아동부터 노인에 이르기까지 광
범위하며, 대상에 따라 치료에서 도달하고자 하는 목적과 목
표도 다양하다. 이 장에서는 정서 · 행동 문제, 학습 문제, 입
원병동 환경에 있는 아동, 그리고 정신장애 영역과 말기환자
및 호스피스 영역에서 필요로 하는 음악심리치료의 접근 방
법에 대해 다루고자 한다.

## 1. 아동을 위한 음악심리치료

### 1) 정서 · 행동 문제를 가진 아동

아동들의 정서 · 행동 장애에 대한 관심이 높아지면서 문제
의 원인, 진단, 치료 전략 등 정서 행동과 관련된 연구들이 증
가하고 있다. 행동장애를 가진 많은 아동들은 공포나 슬픔과
같은 심리적 고통과 역기능을 나타내는 경우가 많은데, 이는

아동의 내적 기제가 사고, 감정, 행동과 같은 자연스러운 기능을 수행하지 못하는 것을 의미한다. 정서·행동 장애 아동이나 청소년에게 발생하는 문제의 증상은 크게 두 가지, 즉 내면화 문제와 외현화 문제로 구분할 수 있으며, 내재화된 문제는 위축된 행동으로, 외현화된 문제는 공격적 행동으로 표출된다(Achenbach & Edelbrock, 1978).

아동은 우울하면 동기를 상실하기 때문에 모든 것을 무의미하거나 부정적으로 인식하는 경우가 많고, 자기 비판적 시각과 부정적 사고를 갖게 된다. 이러한 부적 정서가 지속되면 일상에서 일어나는 모든 일에 대하여 무기력감을 느끼므로 사회 활동이나 교류가 현저하게 낮아진다. 주로 우울과 불안이 내면화 문제의 증상으로 나타나는데, 이는 청소년기에 경험하는 일시적인 불안이나 우울과는 구분된다. 많은 경우 이러한 내면화된 문제 행동을 가진 아동은 겉으로는 문제 행동을 크게 일으키지 않기 때문에 외현화 문제를 가진 학생들에 비해 적은 관심을 받는다. 그러나 이들은 특정 상황이나 자극이 있을 경우 치명적인 행동을 보일 수 있다(Coleman, 1995; Eigenberg et al., 2001).

음악심리치료에서는 행동적인 문제를 가진 아동을 위해 자기 인식, 자기표현, 자존감 증진 등을 향상시키는 데 목표를 둔다. 목표된 음악적 산물을 이끌어 내기 위해 다양한 수준의 음악적 참여를 유도하며 신체적인 동작, 목소리를 이용한 가창 활동, 악기 연주 등 적극적인 참여를 중점적으로 다룬다.

주어진 음악적 환경 안에서 적절한 행동과 충동조절을 배우게 하고 음악을 통한 감정적인 분출구를 제공한다.

내재화된 정서 및 외현화된 정서 문제를 가진 아동의 경우는 음악적 경험 내에서 그들의 정서를 반영해 주는 것이 공통적으로 중요한 부분이다. 음악은 개인의 내적 세계를 반영하는 거울의 역할을 한다. 특히 청소년기에 자신이 무엇을 느끼고 무엇을 경험하는지, 어떠한 생각을 하는지를 음악으로 표현하고, 표출하고, 지지받고, 확인받는다. 만약 감상자가 어떤 하나의 음악을 선택한다고 할 때, 감상자의 음악 선곡은 음악을 통해 현재의 감정과 정서를 반영받고자 하는 내적 필요에 따른 행동이라고 할 수 있다.

음악은 비언어적 표현 매체로서 감정을 소통하는 방법을 배우지 않은 아동이 자신의 감정을 다루는 데 매우 효과적이다. 소극적인 성향 때문에 자기표현을 하지 못했던 아동은 음악적 의사소통을 통하여 표현하는 방법을 습득한다. 또한 외형으로 표출되는 행동은 개인이 복잡한 환경에 적응하기 위한 반응이라고 할 수 있으며, 언어적 상호 교류에 문제가 있는 아동은 자신의 요구를 나타내기 위해 의사소통하고자 하나 성공하지 못하기 때문에 문제 행동이 증가할 수 있다(Rothbar, Ahadi, & Hershey, 1994).

이에 집단 활동은 소속감을 경험할 수 있도록 해 주며, 함께 예술적 결과물을 만들어 나가는 과정에서 환경으로부터 지지를 확인함으로써 적응문제를 해결해 나가도록 한다. 이를 통해 아동은 또래 및 치료사들과의 관계형성에 대한 긍정적인 시각을 갖게 된다. 그러므로 음악심리치료에서는 언어적·음악적 상호 교류를 강화하여 자기표현의 기회와 효용성을 경험하는 데 그 목표를 둔다. 다음은 이러한 목표를 위한 음악활동의 예시다.[3]

### 1) 음악과 동작

다양한 분위기의 음악을 듣고 생각나는 것이나 느낌을 동작으로 자유롭게 표현해 볼 수 있다. 음악을 들은 다음 어떤 느낌이 들었는지, 어떤 동작을 표현할 수 있을지를 생각해 보고 동작을 만들어 본다. 이 활동은 음악 안에서 떠오르는 심상이나 감정을 규명해 보고, 신체 동작으로 적절한 감정을 자유롭게 표현하도록 유도한다.

### 2) 나의 기분 표현하기

감정에 대해 노래하는 곡들을 감상한 후 그중 자신의 감정을 가장 잘 대변한 곡을 고른 후 가사를 개사하여 부른다. 기쁠 때, 화날 때, 슬플 때 등의 다양한 기분이 들 때 사용하는 언어가 무엇인지에 대한 이야기도 나눈다. 또한 악기를 이용하여 감정과 관련된 선율과 리듬을 만들어 봄으로써,

---

3) 이 장에서 예시로 소개된 모든 음악활동은 이화여자대학교 예술교육치료센터(Center for Arts in Therapy and Education: CATE)에서 개발된 연구 자료 및 프로그램집에서 발췌한 것임.

감정에 대한 이해와 표현을 촉구한다.

또는 다음 예시처럼 자신의 기분에 대해서 노래를 부르면서 가사를 즉흥적으로 만들어 본다.

예시 3-1  오늘 나의 기분은

충동 문제는 정서장애를 가진 아동들의 공통적인 특징이다. 충동성 문제를 가진 아동들은 자신의 감정 조절이나, 환경과 의사소통하는 기술에 문제가 있다. 필요하거나 원하는 것에 대한 언어적 의사소통 문제는 내면에 심리적인 긴장과

불안을 야기하기 때문에 행동으로 직접 표현하는 문제로 이어진다. 에너지가 조절되지 않거나 통제되지 않으면 과격한 행동으로 분출되는 확률이 높으므로 이에 대한 자기 인식과 자기 통제력이 필요하다.

이러한 충동성 문제는 사회적 기술에도 영향을 미친다. 충동성은 집단 환경에서 타인을 인식하고, 기대되는 행동과 적절한 규율들을 의식함으로써 자신의 충동을 조절할 수 있어야 한다. 음악은 에너지를 다루기 때문에 이러한 충동적인 문제를 가진 대상들에게 적합하다. 합주라는 구조 안에서 연주를 하는 경우, 음악적 규율에 맞추어 자신의 차례에만 연주해야 하므로 충동적 행동을 스스로 조절해야 한다. 다음은 이에 관한 음악활동의 예시다.

### 1) 북 연주하기

구조화된 리듬 규칙에 따라 자기 순서에 연주하는 활동이다. 음악에 따라 리듬 패턴을 단계적으로 제시한다. 처음에는 단순한 리듬 패턴을, 그다음에는 하위 분할이 많은 리듬 패턴을 제시하여 어느 정도 익숙해지면 치료사의 지시에 따라 두 가지를 교대로 연주한다. 이 활동에서는 음악적 조건에 따라 리듬 연주를 해야 하므로 내재된 충동을 조절하도록 해 준다.

예시 3-2 북 연주

## 2) 혼 연주하기

세 가지 음정으로 콰이어 혼을 나누어 치료사의 지시에 따라 연주하는 활동이다. 세 가지 음정(I-IV-V)의 콰이어 혼을 나누어 주고, 치료사의 지시에 따라 해당하는 화음을 동시에 내도록 한다. 곡에 익숙해지면 음악에 맞추어 맨 앞에 선 아동이 움직이는 방향으로 같이 한 줄로 서서 리듬에 맞추어 오른발-왼발을 교차하여 다같이 행진한다. 이 활동은 자기 차례 기다리기를 익히고, 서로 조화를 이루어 곡을 완성하기 때문에 스스로 충동적 행동을 조절하도록 유도한다.

## 3) 합주하기

치료사가 제공하는 합주 악보의 내용과 연주 방법을 각각의 악기별로 설명을 들은 뒤 치료사의 지시에 따라 연주하는 활동이다. 이 활동은 구조화된 곡을 치료사의 지시에 따라 연주하여 자연스럽게 규칙을 수용하도록 하므로, 자기 차례를 기다리는 연습을 할 수 있다.

정서 및 행동적인 문제를 가진 아동은 일반 학급에서 긴장, 불안, 두려움이나 슬픔과 같은 심리적 고통으로 또래 관계형성에 문제를 보이는 경우가 많다. 이는 아동의 내적 기제가 사고, 감정, 행동과 같은 자연스러운 기능을 수행하지 못함으로써 부적절한 방법으로 표현되기 때문이다. 다음은 이에 관한 음악활동의 예시다.

### 1) 드럼 연주

게더링 드럼 위에 집단 구성원들이 모두 손을 얹고, 한 명씩 돌아가면서 리듬 패턴을 만들고, 나머지 구성원들은 기다리고 있다가 동일한 리듬으로 모방하는 활동이다. 이 활동은 게더링 드럼이라는 하나의 커다란 악기를 매체로 하여 집단 구성원들끼리 그 주변에 모여 신체 접촉을 함으로써 친밀감을 높일 수 있다. 음악 안에서 이루어지는 음악적 지시를 수용함으로써 타인과의 상호작용 기술과 자기 통제 능력을 향상시켜 집단의 응집력을 높일 수 있다.

**예시 3-3** 드럼 연주하기(동일 리듬 패턴)

## 2) 음악 만들기

구성원들이 함께 곡을 창작하는 활동으로, 각 개인에게 한
마디씩 4/4박자의 4분 음표 4개를 주고, 자유롭게 음계를
선택하여 만들게 한다. 이렇게 만들어진 마디를 구성원들
과 의논하여 순서를 정해 이어 붙이고, 완성된 창작곡을 감
상하고, 연주한다. 이 활동은 성취감과 협동심을 경험하게
한다.

## 3) 칭찬하기

집단 구성원들끼리 서로 칭찬하는 단어들에 대해 의견을
나누고, 노래 가사의 빈 칸에 아동의 이름과 칭찬 단어들을
삽입한다. 그리고 노래를 부르다가 한 아동의 이름이 불리
면 다른 구성원들이 그 아동에게 가서 스티커를 붙여 준다.

이 활동은 자신과 타인에 대해 긍정적인 인식을 강화시켜 줄 뿐만 아니라 즉각적인 음악적 보상과 시각적 보상을 통해 타인에 대한 반영과 수용을 경험하게 한다.

　음악심리치료는 사회성이 결여되어 있고 감정 문제를 가진 아동에게 적절한 상호작용 기술을 습득할 수 있는 기회를 제공한다. 이러한 활동들은 상호작용을 유도하는 집단 과제들로 구성되어 있다. 타인과의 관계형성에 불편해하거나 자기중심적인 성향을 가진 아동의 경우 음악심리치료 활동에서 공통적인 관심 혹은 주제를 다룬 활동을 통해 집단 구성원들 간에 공감대를 형성하고, 함께 예술 작품을 만들어 갈 수 있는 기회를 갖는다(정현주, 김동민, 2004).

　행동에 문제를 보이는 아동들의 공통점은 그들에게 내재된 에너지다. 에너지가 조절되지 않거나 통제되지 않는 아동은 과격한 행동을 분출하므로 이에 대한 자기 인식과 자기 통제력을 기를 수 있는 활동을 제시한다. 음악심리치료에서는 근본적으로 부적절한 충동적 행동을 자극하는 환경을 이해하고 자신의 감정적, 심리적 에너지를 승화시키는 데 치료 목적을 둔다. 다음은 이에 관한 음악활동의 예시다.

## 1) 터치벨 연주

불협화음이 생성되지 않는 펜타토닉 음계(C#, D#, F#, G#, A#)를 사용하여 창의적으로 즉흥연주하는 활동이다. 오음계는 즉흥연주 시 불협화음이 생성되지 않고 조화로운 음악을 만들 수 있는 장점이 있다. 이 활동에서 다양한 감정을 주제로 선택하여 이에 적합한 선율을 만들어 갈 수 있다. 즉흥적으로 만들어가는 선율에 자신의 감정을 소리로 승화시키는 기회를 제공한다.

**예시 3-4** 터치벨 연주

## 2) 스트레스를 연주로

스트레스 원인과 스트레스에 대한 대처 방안, 스트레스 해소 요인은 무엇인지 적절성에 대해 의견을 나누고, 경험하는 스트레스의 강도를 리듬 연주로 승화시켜 보는 활동이다. 중요한 것은 연주를 경험하고 난 후 어떻게 연주와 스트레스를 연관시킬 수 있는지를 이야기하는 것이다. 스트레스에 대한 대처 방안과 음악을 통한 해소, 그리고 스트레스 상황에 대한 재경험과 이에 대한 조절력 등에 대해서 토론해 본다.

예시 3-5  스트레스 붐웨이커

## 3) 음악극

일상에서 경험할 수 있는 소재를 다른 이야기를 선택하여
이를 다양한 악기로 표현해 본다. 이야기 내에서 주인공이
경험하는 감정과 정서를 아동이 주인공의 입장이 되어 악
기로 표현해 보는 기회를 갖는다.

**예시 3-6** 음악극—에르반

일주일 내내 초콜릿을 먹지만 항상 목요일 아침이면 배가 아픈 에르반에 대해 부모님은 학교 가기 싫어서 핑계를 댄다고 생각하실 뿐, 왜 배가 아픈지 물어보지는 않으십니다.

에르반은 목요일마다 선생님이 학생 한 명 한 명을 불러 칠판 앞에 나가 수학문제를 풀게 하는 것 때문에 배가 아픈 것인데 말이에요. 학교를 가면서 버스 안에서도 친구들은 웃고 떠들지만, 에르반은 칠판 생각만 한답니다.

칠판 앞에 나가는 것이 겁이 나서 알고 있던 구구단도 모두 잊어버리고 생각이 나지 않아 에르반은 너무나 무섭답니다. 두근두근 두근. 선생님의 눈에 띌까 봐 에르반은 앞에 앉은 친구의 뒤통수 뒤에서 눈을 감은 채, "제발 날 시키지 말아 주세요."라고 혼자 기도한답니다.

그런데 선생님이 연수를 가시면서 비숑 선생님이 새로 오시게 되었습니다. 비숑 선생님은 칠판 앞에서 에르반처럼 귀가 빨개지시고, 손수건을 돌돌 말며 눈을 어디에 두어야 할지를 모르고 계셨습니다. 아이들의 떠드는 소리는 더욱 커져 가고 선생님은 기어들어 가는 목소리로 "누가 앞……에 나와……보겠니?"라고 말했습니다.

에르반은 자신도 모르게 선생님을 도와주고 싶은 마음에 손을 들고, 친구들 가방에 걸려 넘어지지 않고 칠판 앞으로 나가서, 알고 있는 구구단을 모조리 다 외워 버렸습니다.

선생님은 다른 질문을 생각하고 계셨고, 아이들은 놀라서 입을 다물지 못했습니다. 한 번도 제대로 답을 못하던 에르반은 그제야 자신감을 가지게 되었고, 의기양양해져서 집에 돌아왔습니다.

## 2) 학습부진 아동

학습부진 아동은 환경에서의 요구와 도전들을 감당하는 면에서 문제해결의 속도나 반응 시간이 또래보다 더 오래 걸리고, 이에 대한 긴장이나 불안 때문에 학습에 지연을 보이는 결과가 초래되며, 이러한 불안한 정서가 오래 지속되면 학습동기를 상실하게 되고 자긍심이 저하된다(Ornstein, 2001; Torgeson, 1980). 이에 음악심리치료에서는 아동들에게 성공적인 경험을 제공하고, 감정 표현, 정서적 안정감, 긴장 완화의 기회를 계속적으로 만들어 줌으로써 잠재된 학습 동기와 자신감을 향상시키는 것을 치료 목표로 한다.

학습부진 아동을 위한 음악활동은 다음과 같은 두 가지 목표를 설정한다. 첫째, 음악을 정서함양을 위한 매개체로 활용하면서 학습과 관련된 행동의 긍정적 변화를 가져오는 데 목표를 둔다(Steele, 1984). 학습부진 아동은 산만함, 충동성, 기분장애, 과제 회피, 반항적 행동 등을 동반하는데, 이러한 행동들 때문에 학습 시간에 집중하기 어려우므로 어떤 내용을 학습할 때 한계를 경험한다. 많은 시간을 학교에서 보내는 학생들에게는 이러한 한계와 이에 따른 부정적 경험이 반복되므로 기존 환경의 변화는 필수적이다(Thompson, 1997). 음악활동에서는 아동의 긍정적인 행동이 나타날 때마다 강화제로 음악을 사용하며, 악기 연주 시 음악이 가진 형식적 특성을 활용하여 집중력을 강화시킨다.

둘째, 학습기술에 필요한 추상적 개념, 지각력, 기억력, 정보처리 능력을 음악활동을 통해 강화한다. 근본적인 기술 이론(underlying skills theory)에서는 학습부진 아동들이 교육적인 내용을 학습하는 데 기본적으로 필요한 신경적, 운동적 영역에서의 감각통합 훈련과 지각운동 기능에 문제가 있다고 본다. 이에 다양한 악기를 통해 소리의 청각, 시각 그리고 촉각적인 정보를 수용하고 종합하여 연주하는 행동을 제공함으로써 학습기술에 필요한 인지기능 강화를 유도한다.

음악이 학습과 관련될 수 있는 이유는, 음악활동을 하기 위해서는 기본적인 음악 정보처리 기술이 필요한데 이러한 기술은 곧 학습 영역에도 전이될 수 있기 때문이다. 음악적 정보는 크게 6단계를 거쳐서 처리된다. 첫째는 변환 과정으로, 외부의 물리적인 소리가 인간의 내부에 들어와 전기 화학적인 신호로 변화되는 과정이다. 이 과정에서 소리는 공기의 진동으로 인간에게 전해지고, 이렇게 전달된 소리는 내이 이후에 전기 화학적인 신호로 변환된다. 둘째는 사건 감지 과정으로, 인간 내부로 들어온 전기 화학적인 신호가 표상으로 이루어지는 과정이다. 이것은 자극 자체를 저장하는 것이 아니라 자극의 표상을 저장한다. 셋째는 그룹핑(grouping) 과정으로 동시적 그룹핑과 연속적 그룹핑으로 이루어진다. 동시적 그루핑은 한꺼번에 들려오는 여러 소리들을 구별해 내는 것을 말하며, 연속적 그룹핑은 시간의 흐름에 따라 차례로 들어오는 소리를 따라가는 것이다. 이때 화성과 선율을 그룹핑하게 된다. 넷째는 이미지의 성질과 특성의 과정으로, 음고, 음색, 협화와 불협화의 여부 등을 파악하는 단계다. 다섯째는 분할 과정과 고차원적 그룹핑의 과정으로, 연주되는 부분과 쉬는 부분에 따라 의미 있는 그룹들로 나누는 과정이다. 마지막 여섯 번째는 구조적 관계의 구축 과정으로, 받아들여진 자극의 여러 요소들 간의 관계 구조를 파악하는 과정이다(조순영, 1993).

음악적 작업에서 기억은 자극정보를 받아들여 이를 부호화하여 저장하고, 이렇게 저장된 정보를 인출해 내는 일종의 정보처리 능력이다(Anderson, 1985). 이러한 기억 과정에서 유사한 항목이나 특정 패턴을 중심으로 정보를 구분하고 묶어 주는 일을 '덩이 짓기' 혹은 '청킹(chunking)'이라고 한다. 이는 기억하려고 하는 몇 가지 항목들을 묶어서 하나의 덩이를 만들고, 이러한 덩이들을 묶어서 더 큰 덩이를 만드는 과정을 말한다. 실제 음악활동에서는 이러한 청각 정보처리에 필요한 청킹 기술과 이에 대한 기억력을 향상시킨다. 예를 들어, 변주곡과 같은 형식이 있는 감상곡에서 악곡 구성상 선율 절(melodic phrase)은 다양한 형태로 변형되어 제시된다. 이러한 선율 절은 여러 가지 음들로 구성되어 있음에도 불구하고 하나의 청크로 처리된다. 계속해서 제시되는 다양한 선율 절들이 청크를 이루며, 음의 개수와는 상관없이 많은 양의 정보를 효율적으로 저장할 수 있다. 이처럼 청킹을 이용하여 악곡을 기억하고 음악을 학습하게 된다(Sloboda, 1985).

이러한 개념을 토대로 음악활동은 학습장애 아동을 대상으로 리듬의 시간적 구조와 선율의 공간적 구조와 같은 추상적 개념을 강화시키고 특정 형식과 전개를 중심으로 음악을 완성해 나가는 활동을 함으로써 사고력을 증진시킨다(Gfeller, 1984). 즉, 음악활동에서 성취감을 경험할 수 있는 활동을 제공하여 과제 참여에 동기를 유도하고 과제를 수행하는 동안 집중력을 향상시켜 준다. 다음은 집중력 및 인지기술 강화를 위한 음악심리치료 활동의 예시다.

1) 선율 기억하기

음악을 듣고 반복되는 선율을 기억하여 치료사가 제시하는 부분을 노래하는 활동이다. 창작된 선율악구를 반복해서 익힌 후, 치료사는 노래를 반복해 부르면서 특정 선율은 노래하지 않는다. 그리고 아동은 치료사가 음성을 소거한 부분의 선율을 채워 노래한다. 점차 치료사는 음성을 소거하는 부분을 늘려 아동이 노래하는 부분을 확장시킨다. 이 활동은 기존의 선율이 가지는 흐름이 음악적 맥락을 제시하고 있고, 그 다음의 음악적 진행을 예측할 수 있게 해 주어 선율의 시간 전개에 따른 기억 및 청각적 자극 능력을 향상시킬 수 있다.

또한 다음 예시처럼 제시한 선율을 거꾸로 노래하도록 한다. 음역을 점차적으로 넓혀 가면서 선율 패턴을 제시한다.

**예시 3-7** 거꾸로 노래해요

도 레 미 (미 레도) 레 미 파 (파 미레) 미 파 솔 (솔 파미) 솔 레 레 (레 레솔)

도 레 미 (미 레도) 파 솔 라 (라 솔파) 시 라 솔 (솔 라시) 도 솔 도 (도 솔도)¹

라 시 도 도(도도시라) 솔 시 도 도(도도시솔) 파솔라라 (파라솔파) 미 파 미 솔 (솔미 파미)

라 라 시 도(도시라라) 솔 라 시 도(도시라솔) 파 솔 솔 라(라솔솔파) 솔 솔 솔 솔(솔솔 솔솔)

도 레 미 (미 레도) 레 미 파 (파 미레) 미 파 솔 (솔 파미) 솔 레 레 (레 레솔)

도 레 미 (미 레도) 파 솔 라 (라 솔파) 시 라 솔 (솔 라시) 도 솔 도 (도 솔도)

## 2) 함께 연주하기

악기에 따라 다르게 제시되는 리듬을 인지한 다음 치료사의 손 지시에 맞추어 합주하는 활동이다. 음악의 구조 안에서 각기 다른 음색을 구분하여 듣고, 자신이 연주할 악기의 음색과 리듬을 기억한 다음 치료사의 손 지시에 따라 연주하게 되는데, 이 활동은 음악의 구조를 인지하고 동시에 자신의 악기 음색과 리듬을 기억하여 청각적 변별력과 주의 집중력을 향상시킬 수 있다.

## 3) '악보 찾기'

슈만의 '어린이 정경'은 13개의 소품으로 구성된 표제음악

으로, 어린 시절의 여러 가지 추억들을 피아노로 연주하며
표현한 곡이다. 13개의 소품이 각기 다른 표제와 음악적 진
행을 가지고 있기 때문에 감상을 활용한 활동에 적합하다.
음악을 듣고 주제 선율의 진행을 표현한 시각 자료인 악보
와 연결하고, 선택한 악보가 맞는지 확인한 다음 선율 진행
을 인지하도록 손동작으로 음정의 높낮이를 표현한다. 이
활동은 음악을 듣고 곡의 구조를 인지하여 악보와 연결함
으로써 시각적, 청각적 변별 능력을 향상시킬 뿐 아니라 제
시된 음악 자극을 시각화하고 변별하여 동작으로 외현화하
는 과정에서 다감각적 자극의 통합을 경험하고 복합 과제
수행 능력을 향상시킬 수 있다.

**예시 3-8** 어린이 정경(Schumann)

1. 미지의 나라들(Von fremden Ländern und Menschen)

 ♩=108, G Major

2. 이상한 이야기(Kuriose Geschichte)

 ♩=112, D Major

### 3. 술래잡기(Hasche-Mann)

♩ =138, B minor

### 4. 조르는 아이(Bittendes Kind)

♪ =138, D Major

### 5. 만족(Glückes genug)

♪ =132, D Major

### 6. 큰 사건(Wichtige Begebenheit)

♩ =138, A Major

### 7. 꿈(Träumerei)

♩ =100, F Major

8. 난롯가에서(Am Kamin)

    ♩=138, F Major

9. 목마의 기사(Ritter vom Stechkenpferd)

    ♩=80, C Major

10. 약이 올라서(Fast Zu ernst)

    ♩=69, G# minor

11. 거짓말(Fürchtenmachen)

    ♩=96, G Major

12. 잠자리에 드는 아이(Kind im Einschlummern)

　♪ =92, E minor

13. 시인의 이야기(Der Dichter Spricht)

　♩ =112, G Major

4) '변주된 뮤직빙고'

　이 활동은 제시되는 악곡을 듣고 노래의 제목을 맞추는 활
동이다. 이때 제시되는 악곡은 변형된 조성으로 들려주고
원곡을 연상하도록 한다. 예를 들어, '작은 별'의 곡을 연주
할 때 장조, 단조, 선법으로 연주하는 것이다. 이 활동은 기
존에 알고 있는 음악적 정보를 변형된 형태로 인지할 수 있
는 능력을 사용하여 계발하게 해 주고, 기존의 조성 패턴을
중심으로 변주된 패턴을 인식하는 사고의 응용 능력과 청
각적 변별 능력을 향상시킬 수 있다.

　이와 같이 음악은 심리 정서 영역 외에도 학습에 필요한 지
각, 인지 영역에서의 기술을 강화시킬 수 있는 매체로 활용될

수 있으며, 동시에 과제 수행에 필요한 동기를 자극할 수 있는 이점을 가지고 있다. 학습부진 아동들의 경우 성공적인 경험이 가장 중요하므로 음악 경험을 통해 긍정적인 성취감을 느낄 수 있도록 활동을 구성하는 것이 매우 중요하다.

### 3) 의료 환경에 있는 아동을 위한 음악심리치료

병원은 낯선 환경이면서 집과 가족, 친구, 학교생활과 분리되어 일상생활에서 해 왔던 일들과 분리되기 때문에 성인보다 아동에게 더 힘든 환경이라고 할 수 있다. 입원 경험에 대하여 아동은 불안, 위축, 퇴행, 반항과 같은 정서적인 반응을 보인다. 입원 전에 해 왔던 일상처럼 학교생활에 참여하고 싶은 욕구를 보이는 경우도 있다. 또는 여러 가지 선택권을 갖기를 원하거나, 병원 밖의 일상적인 삶을 유지함으로써 안전감을 느끼고 싶어 하며, 때로는 자신의 질환에서 비롯된 부모의 정서적인 부담감을 해결하고 싶어 한다. 또한 아동은 질환에 따른 스트레스 때문에 정서적인 퇴행을 보일 수 있으며, 분리 불안과 통증에 대한 두려움을 느끼기도 한다. 어떤 경우 아동은 자신의 잘못으로 질환이 초래된 것은 아닌가 하는 죄책감도 갖는다(Robb, 2003).

이러한 병원 환경이 아동에게 주는 제한된 활동 영역과 범위 그리고 의존성은 아동을 더욱 취약하게 만들고, 따라서 아동은 환경에 대한 자기 통제의 저하로 퇴행하는 모습을 보인다. 또한 입원한 아동은 예상치 못한 의료 처치뿐만 아니라 진단을 위한 검사나 수술 전의 절차를 통하여 통증에 대한 환상과 손상에 대한 환상 그리고 죽음에 대한 불안을 경험한다 (Aldridge, 1993; Chetta, 1982).

음악심리치료는 통제적인 병원 환경 안에서 아동의 사회, 운동, 인지 발달을 돕는 활동을 제공하고, 질병과 관련된 여러 가지 정서의 적절한 표출을 탐색하거나 권장하는 음악활동을 통하여 정서적 지원을 할 수 있다. Barrickman(1989)에 따르면, 음악은 의료 환경의 정상화를 이루기 위한 중요한 수단이 될 수 있는데, 음악은 아동에게 신체 활동과 놀이, 친구들과의 사회적 교류, 교육과 관련된 활동을 할 수 있는 기회를 제공한다. 또한 음악심리치료는 입원한 아동이 자기의 감정을 언어적으로 표현하는 데 도움을 준다. 예를 들어, 5~10세의 아동은 이름 바꾸기, 동작, 악기 연주를 비롯하여 기존의 노래에 병원 경험을 적용시켜 가사 바꾸기 활동을 할 수 있다.

음악은 신체적인 어려움 때문에 변화된 환경과 일방적으로 주입되는 다양한 의료적 처치, 그리고 강압적인 병원 환경에서 아동이 자발적으로 활동을 시작하고 즐거움을 경험할 수 있도록 지지적인 역할을 한다. 이러한 의료 환경에서의 음악심리치료 적용 모델로 가장 발달된 것은 환경적 지지모델이다. Robb(1999)은 Skinner와 Wellborn이 개념화한 대처능력에 관한 동기 이론을 아동의 스트레스 대처 능력과 연관 지어 지지적 환경에서 음악 역할의 중요성을 언급하였다. 그리고

환경적인 지지를 제공받았을 때 아동의 행동이 얼마나 긍정
적으로 변화하는지와 이에 따른 상호작용 및 행동에 대한 인
식과 긍정적인 정서 경험의 변화를 설명하였다. 이 이론에 기초
하여 Robb(1999)은 환경적 지지 모델의 음악심리치료를 제시하
였다. 환경적 지지 모델의 음악치료(Contextual Support Model of
Music Therapy: CSMMT)는 치료적인 음악 환경이 환경의 구조적
특성, 자율성 지지 및 치료사 참여도라는 세 가지 요소로 구
성되고, 이러한 환경은 아동의 활동을 지지하고 격려하도록
도와준다는 이론이다.

첫째, 환경적 구조(structure)는 기대와 결과에 대해 분명하
게 의사소통하는 도전의 기회를 제공하며, 이에 대해 긍정적

⟨표 3-1⟩ 환경적 구조 중심의 음악활동

| 내용 | 주요 초점 |
|------|-----------|
| 음악 | • 안정감을 위해 친숙한 음악을 선택한다.<br>• 반응을 유도할 수 있는 요소적 특성을 가진 음악을 선곡한다.<br>• 에너지를 환기하고 동작을 유도할 수 있는 음악을 선택한다.<br>• 악기 연주 활동을 유도할 수 있는 음악을 제공한다. |
| 세션 진행 | • 음악과 친숙해질 수 있도록 반복한다.<br>• 언제 시작되고 마치는지를 명료하게 한다.<br>• 발달 및 기능 수준에 맞는 활동을 제시한다.<br>• 성공적인 경험이 될 수 있도록 구조화한다. |
| 내담자-치료사<br>관계 | • 아동의 반응과 활동 수준을 계속 모니터하고 긍정적인 경험이 될 수 있도록 한다.<br>• 되도록 많은 긍정적 강화를 제공한다.<br>• 치료사는 친근하고 지지적인 존재로서 아동이 환경에서 주어진 도전을 잘 감당하도록 격려한다. |

인 피드백을 제공하는 것이다. 또한 질서와 예측성을 제공하
여 아동이 안전함을 경험할 수 있도록 한다. 음악을 통해 아
동은 노랫말에 담긴 소재나 주제를 통하여 언어적으로 표현
하기 힘든 문제들을 안정적으로 표현할 수 있으며, 이러한 표
현의 안정감과 기회는 병원 환경에서 계속되는 예측하지 못
한 일들에 대한 자신의 불안을 능동적으로 다룰 수 있는 기제
강화에 도움을 준다.

둘째, 자율성 지지(autonomy support)는 아동이 하고 싶은 활
동을 선택하고 이에 대한 의사결정을 할 수 있도록 격려하는
것으로, 활동의 유형을 선택하거나 악기를 고르게 하거나, 또
는 연주 방법을 결정하게 하는 등 여러 가지 차원에서 통제감
을 경험하도록 해 준다. 여기서 중요한 점은 아동이 음악적으
로 만들어 낸 산물에 대하여 긍정적인 강화를 제시하고 음악
의 전개를 모두 아동이 원하는 방향으로 결정하는 것이다. 또
한 음악심리치료 세션의 전개와 함께 세션을 구조화하여 즉
흥연주나 노래 만들기 등 보다 적극적인 활동으로 이끌어 간
다. 이러한 자발성 지지를 통해 아동은 내재적 동기와 만나
고, 존재감과 자기표현의 시간을 경험할 수 있다. Barrickman
(1989)은 제한된 입원 환경에서 학령기 전의 아동들이 언어적
지시 없이 악기 연주와 활동적인 동작을 통해 그들의 내재된
에너지를 발산시킬 수 있었음을 보고하고 있다.

〈표 3-2〉 자율성 지지를 위한 음악활동

| 내용 | 주요 초점 |
|---|---|
| 음악 | • 창의적이면서 독립적인 산물을 만들 수 있는 음악을 제공한다(예, 즉흥연주, 노래 만들기 등).<br>• 독창적인 음악적 반응을 촉진할 수 있는 음악활동을 제공한다. |
| 세션 진행 | • 악기의 종류와 자료를 충분히 제시하고 선택할 수 있도록 한다.<br>• 연주 및 활동 방법을 다양하게 제시하여 선택할 수 있도록 한다.<br>• 음악적 결과물이 나오기까지 아동들이 의견을 제시하고 결정할 수 있는 기회를 제공한다. |
| 내담자-치료사 관계 | • 아동의 고유 의견을 존중하고 강화한다.<br>• 음악적 결과물에 대해서 어떻게 아동이 기여했는지에 대해서 확인시켜 주고 격려한다. |

셋째, 치료사 참여(involvement)는 아동이 경험하는 흥미나 즐거움에 같이 참여하여 아동의 생각을 수용하고 표현하는 것을 말한다. 이때 치료사는 아동을 정서적으로 지지해 주고 대처 기능이 촉진되도록 도와주기 위해 아동의 정서적 요구와 감정에 집중한다. 치료사는 두 가지 방법으로 참여 의지를 전달할 수 있는데, 첫째, 긍정적인 언어나 신체적인 상호작용을 시도하기와 둘째, 활동에 적극적으로 참여하면서 같이 집중하기다. 이러한 접근은 병원 환경에 부재한 부모 또는 주양육자 대신 아동을 지지해 주고 대처 능력을 촉진시켜 주며, 아동의 정서적인 욕구와 그들의 감정과 느낌을 공유하는 기회를 제공한다. 특히 인형극이나 노래 부르기 등 집단 안에서 이야기를 나누면서 아동의 경험과 감정, 관심 또는 걱정이나 불안을 반영하고 위로한다.

〈표 3-3〉 참여 중심의 음악활동

| 내용 | 주요 초점 |
|---|---|
| 음악 | • 치료사와 음악적으로 상호작용하고 정서를 교류할 수 있는 음악활동을 선택한다.<br>• 연령과 주제에 맞는 음악을 제공한다. |
| 세션 진행 | • 적극적으로 선택하고, 세션의 방향을 유도할 수 있는 기회를 제공한다.<br>• 융통적으로 아동의 필요나 반응에 따라 활동을 조정하면서 세션을 진행한다. |
| 내담자-치료사 관계 | • 무조건적으로 수용한다.<br>• 아동에 대한 진지한 관심을 보인다.<br>• 계속적인 긍정적 강화를 제공한다.<br>• 적극적으로 듣고 반영해 준다.<br>• 아동의 이야기 또는 의견을 존중하고 음악적 산물을 만들 수 있도록 격려한다. |

이러한 목표에 활용될 수 있는 음악활동의 예시는 〈표 3-4〉와 같다.

〈표 3-4〉 환경적 지지 모델(CSM)에 기반을 둔 음악활동

| 연주하기 | 1) 치료사는 아동의 음악활동 시작을 위해 악기와 노래집을 준비한다.<br>2) 아동이 직접 노래를 선택할 수 있는 기회를 제공한다.<br>3) 노래하면서 아동이 큐 코드를 사용하여 기본 코드를 반주한다.<br>4) 아동의 반주에 맞추어 치료사가 같이 노래 부르기에 참여함으로써 활동을 공유하고 지지한다. |
|---|---|
| 노래 감상하기 | 1) 아동의 음악활동 시작을 위해 CD 플레이어와 CD 그리고 노래집을 준비하고 음악활동을 시작한다.<br>2) 아동이 직접 노래를 선택할 수 있는 기회를 제공하여 부르고 싶은 노래를 부르게 한다.<br>3) 아동과 같이 CD로 노래를 들으면서 노래 부르기에 동참하고 활동을 공유하고 지지한다. |

| | |
|---|---|
| 노래 만들기 | 1) 큐 코드와 자일로폰을 준비하여 아동이 노래 멜로디를 만들 수 있도록 구조화한다(오음계 또는 실로폰 바를 특정 음계를 중심으로 재나열하기). <br> 2) 노래 만들기 절차에 대해 설명함으로써 아동이 단계에 맞춰 노래를 만들 수 있도록 한다. <br> 3) 아동이 직접 멜로디와 가사를 만들도록 지지한다. <br> 4) 아동이 만든 노래를 연주할 때 노래 부르기나 악기 연주에 동참함으로써 활동을 공유하고 아동의 활동을 지지한다. |
| 가사 토론하기 | 1) 노래 가사에 대해 이야기할 때 아동의 생각이 담긴 이야기를 유도하는 질문을 준비한다. <br> 2) 질문에 대한 답변을 충분히 언어적으로 표현할 수 있도록 촉구한다. <br> 3) 아동이 마음에 드는 가사를 선택할 수 있도록 기회를 제공하여 아동이 이야기할 수 있도록 지지한다. <br> 4) 노래 가사에 대한 치료사의 생각을 이야기함으로써 활동을 공유하고 아동의 활동을 지지한다. |

이와 같이 의료 환경에서의 음악 경험은 아동에게 매우 특별한 의미를 지닌다. 음악적 공간에서 자신의 소리를 탐색하고 음악을 만들어 가면서 경험하는 성취감은 매우 특별하다. 다른 의료인들과의 관계와는 달리 음악치료사와의 관계는 무조건적인 반영과 지지, 그리고 감정 이입을 기반으로 하며, 아동으로 하여금 병원 생활을 이어 나가는 데 역동적인 힘으로 작용한다. 음악활동의 구조화를 통한 안정감(safety of structure), 예측성, 치료사가 같이 참여함으로써 충족되는 공유감(being together), 그리고 악기 조작을 통한 통제감(sense of control)의 실현은 치료적인 경험이라고 할 수 있다.

## 2. 성인을 위한 음악심리치료

불안, 우울, 분노 등과 같은 부정적 정서를 감소하기 위해 음악을 치료적으로 사용한 것은 구약성서에서 다윗이 사울 왕을 위해 음악을 연주하는 장면에서 찾아볼 수 있을 만큼 오랜 역사를 지닌다. 고대 이집트의 성직자, 의사들은 음악을 영혼을 위한 의학으로 간주했으며, 의술의 일부분으로 찬트치료(chant therapy)를 포함시켰다. 또한 플라톤과 같은 고대 그리스 학자들은 음악이 인간의 영혼과 행동에 미치는 긍정적, 부정적 영향에 대하여 중요하게 논하였다(Davis et al., 2008). 르네상스 시대 의사들은 환자들이 질병과 싸울 수 있는 정서적 힘을 기를 수 있도록 하기 위해 음악을 사용했으며, 바로크 시대에는 사람의 성격, 기질, 정서 등과 음악의 관계에 대한 학설이 주장되기도 하였다(최병철, 1999). 19세기에 이르러 생리학과 신경학의 발달과 함께 생리적 리듬과 음악 리듬의 관계, 맥박과 박자의 관계, 호흡과 혈압, 소화에 영향을 주는 음악의 효과가 연구되기 시작하였고, 음악이 인간의 신체, 정서, 행동 등에 미치는 영향에 대한 연구가 현대에까지 지속되어 왔다. 그리고 정신장애를 가진 내담자를 대상으로 한 음악심리치료는 Priestley가 1970년대 초 영국에서 본격적으로 시작하였으며, 심층심리학에 기반을 둔 Priestley의 음악심리치료 모델에 영향을 받은 여러 치료사들이 다양한 이론과 기법들을 발전시켜 왔다(Wigram et al., 2002).

## 1) 정신장애 증상에 따른 음악심리치료 기법

DSM-IV에서 정의하는 정신장애를 가진 성인과의 음악심리치료는 일차적 치료가 아닌 보충적(adjunctive) 치료가 주를 이루는데, 그 이유는 정신장애로 분류되는 장애들의 대부분이 정신과적 약물치료를 우선적으로 요하기 때문이다. 이때 보충적이란 의미는 내담자의 치료과정에서 일차적 치료가 되는 약물치료가 제공할 수 없는 심리치료의 역할을 말한다. 따라서 정신장애를 가진 성인과의 음악심리치료는 정신과 치료와 병행되는 경우가 대부분이다. 이때 임상적 목표는 주요 증상의 완쾌나 호전보다는 주요 증상들로부터 유발되는 지남력, 사회성, 적절한 감정 지각 및 표현력, 의사소통 능력, 자존감, 집중력 저하 등과 같은 이차 증상들과 연관된다(Unkefer, 1990). 이와 같은 대표적인 이차 증상에 따른 음악심리치료의 일반적 적용의 예를 제시하면 다음과 같다.

### 1) 지남력 증진

망상이나 환각을 경험하는 경우는 철저히 지금-여기와 연관된 음악 감상이나 연주를 통해 지남력을 유지 또는 향상시킨다. 이때 음악의 형식이나 화음의 전개가 비예측적이거나 불협화음이 많은 곡들은 현실과의 분리를 촉진할 수 있으므로(정현주, 2005), 명료하고 안정적인 선율과 화성진행으로 이루어진 음악을 사용한다. 음악활동 직후 이와 연관된 이미지나 기억에 대하여 이야기하기보다 그 순간의 감정이나 느낌에 대하여 나눈다. 또한 날짜, 요일, 시간, 날씨 등과 같은 지금-여기와 관련된 개념들을 가사에 첨가할 수도 있다.

**예시 3-9**

치료사: 오늘 날씨가 어떤가요?

내담자: 밖에 비가 오네요…….

치료사: 우리 '오늘'에 대해 음악을 만들어 볼까요? 오늘 날짜, 요일, 비 오는 날씨, 그리고 오늘 해야 할 일들에 대해서 노래를 만들어 봅시다.

## 2) 사회성 및 의사소통능력 강화

치료사 또는 집단 구성원들과 함께 음악을 연주하는 과정에서 서로의 음악을 경청하고 지지하며 이에 음악적으로 적절히 응답하는 등 음악적 상호작용을 활성화하여 고립감이 저하되도록 돕는다. 음악적 활동 직후 각자의 음악과 서로의 음악에 대하여 이야기를 나눔으로써 자연스러운 언어적 상호작용을 유도한다. 모노톤 어조의 경우 다양한 감정을 표현하는 문장들로 이루어진 가사와 이의 언어적 어조에 가깝게 붙여진 멜로디를 가진 노래를 함께 부름으로써 자연스러운 어조로 의사를 표현하고 소통할 수 있도록 돕는다.

**예시 3-10**

치료사: 오늘은 A님께서 좋아하시는 노래를 함께 부를까요? 그 뒤에 A님께서 왜 이 노래를 특별히 좋아하시는지 들어보도록 하죠.

**예시 3-11**

내담자: (모노톤으로) 안녕하세요?
치료사: (노래로) 안녕하세요?

내담자: (노래로) 안녕하세요?
치료사: (노래로) 좋은 아침이네요.

내담자: (노래로) 좋은 아침이네요.
치료사: (노래로) 안녕하세요? 좋은 아침이네요.

## 3) 적절한 표현력 강화

특정한 정서나 감정을 자극할 수 있는 음악을 감상 또는 연주한 후 이에 대한 느낌을 언어적으로 명료화하거나 음악적으로 다시 표현한다. 악기나 목소리를 이용한 즉흥연주를 활용하여 내재된 감정들을 자극하고 표출시키며 더 나아가 음악 안에서의 카타르시스를 경험하게 한다. 이때 긍정적 감정뿐만 아니라 부정적 감정도 음악 안에서 안전하게 표출하고 승화시킬 수 있도록 돕는다.

**예시 3-12**

치료사: 우리가 방금 감상(연주)한 음악을 한 단어로 표현해 볼까요?

내담자: '답답함'이요.

치료사: 그러면 함께 '답답함'을 북으로 표현해 볼까요?

### 4) 자존감 저하

음악 안에서 자신을 표현하고 이에 대해 치료사와 다른 집단 구성원들의 지지와 공감 및 존중을 경험함으로써 스스로에 대한 긍정적인 믿음을 가질 수 있도록 돕는다. 간단한 노래 익히기나 악기 연주하기 등과 같은 음악적 과제 완수를 통하여 성취감과 같은 긍정적 경험을 갖도록 하며, 이러한 경험이 음악 내에 반복적으로 이루어짐으로써 자존감을 회복 또는 향상시킨다. 음악적 과제를 완수해 나가는 과정에서 부분적인 어려움이 실패감으로 이어지지 않도록 음악적 과제의 난이도에 대한 적절한 고려가 필수적이다.

**예시 3-13**

치료사: A님께서 가장 좋아하시는 노래를 들어 보니 A님에 대해 더 잘 알 수 있는 것 같습니다. 그러면 다 함께 A님에 대해 더 잘 알아 가고자 하는 마음으로 A님께서 가장 좋아하시는 노래에 맞추어 악기를 연주해 볼까요?

### 5) 집중력 증진

새로운 음악을 학습하거나 음악적 과제를 반복적으로 수행하고 완성함으로써 집중력 향상을 유도한다. 제시된 음악적 지시를 즉각적으로 수행하거나 한 사람의 음악적 지시를 다른 사람이 그대로 모방하여 반복하는 'copy cat' 놀이와 같은 음악활동을 제시하여 과제 중심의 집중력을 향상시킨다.

**예시 3-14**

치료사: 우리 다 함께 새로운 노래를 배워 볼까요? 제가 한 소절씩 먼저 부를 테니 잘 들으시고 따라하시면 되요. 한 번에 따라 하기 어려운 부분은 반복하면서 배워 보도록 하지요.

## 2) 음악심리치료의 수준

정신장애를 가진 내담자를 위한 음악심리치료를 Cawley (1977)가 분류한 심리치료의 세 수준에 따라 설명하면 다음과 같다. 첫째, 표면적 수준(outer level)에서는 주로 지금-여기에서 일어나는 음악적 상호작용을 통하여 내담자를 정서적, 심리적으로 지지하는 것을 주요 목표로 한다. 둘째, 중간 수준(intermediate level)에서는 음악 또는 음악활동을 통하여 드러나는 내담자의 방어기제와 본질적 이슈들을 발견하고 이에 대해 직면하거나 탐색하는 작업이 이루어진다. 더 나아가 셋째, 심층적 수준(deeper level)에서는 내담자가 음악이나 음악활동을 통하여 과거를 재경험하고 내적 갈등을 해소하도록 하며, 이때 음악은 상징으로서 치료적 퇴행을 용이하게 한다

(Odell-Miller, 2002).

Wheeler(1983)는 Wolberg(1977)의 심리치료 이론을 바탕으로 정신장애를 위한 음악의 심리 치료적 적용에서 치료 목표와 이에 따른 음악적 개입 수준에 따라 '활동중심(activity-oriented) 음악심리치료'와 '통찰중심(insight-oriented) 음악심리치료'로 분류하였다. 활동중심 음악심리치료는 지지적(supportive) 수준으로 자기 통제와 절제에 의미를 두며, 불필요한 언어적 또는 운동적 표현의 감소를 목적으로 한다. 이 단계에서는 조건적 음악과 같이 수준 높은 구조화가 제공되어야 하며, 참여도와 기능 향상, 그리고 음악적 기술 강화를 통해 내담자의 행동 변화를 유도한다. 또한 내담자의 참여 수준, 현재의 감정 상태나 기능 또는 에너지 수준 등을 고려하여 음악적 개입을 구성한다. 예를 들어, 치료사가 구조화시킨 음악적 과정 내에 내담자의 충동적이거나 부적절한 성향들을 조절하고 절제하도록 한다. 이와 같이 정신장애를 가진 내담자의 정서를 안정시키고 충동을 통제하는 것을 주요 목표로 하는 지지적 단계에서의 음악은 긴장, 불안, 분노 등과 같은 부적 감정을 유발할 가능성이 있는 불협화음이나 음악적 해결의 지연이 두드러지지 않고 안정적인 멜로디와 협화음으로 구성된다.

통찰중심의 음악심리치료는 음악의 비언어적 특성을 절대적인 요소로 활용하며, 치료사는 이 과정에서 전이와 방어기제에 집중한다. 통찰중심 음악심리치료는 시간의 구성과 진행 면에서 의식의 수준에 따라 다시 재교육적(re-educative)과 재구성적(re-constructive) 수준으로 나뉜다. 재교육적 수준의 목적은 지지적 수준에서 행동 변화를 유도하려는 것과는 달리, 개인의 감정과 이에 대한 이해, 더 나아가 다른 사람들과의 관계를 탐색하면서 자신의 내면세계에 대해 새로운 발견을 하도록 하는 것이다. 따라서 이 단계에서는 심도 있는 감정 작업을 중심으로 자신이 경험하는 감정이 어디에서 오는지, 그리고 누구와 연관이 있는지 등을 분석한다. 여기에서 중요한 핵심은 과거가 아닌 현재와 연관된 사건과 관계들을 중심으로 하여 감정적 고리를 풀어 나간다는 것이다. 이와 같이 내담자의 과거가 아닌 지금-여기에 초점을 두는 재교육적 단계에서는 다양한 음계와 음색, 화성적 색채를 지닌 음악을 사용하여 내담자의 감정과 접촉하고, 내담자로 하여금 이를 안정적으로 탐색하며 표출하도록 유도한다.

반면, 재구성적인 치료에서는 내담자의 현재 감정보다 한 단계 깊이 들어가 과거의 경험들에 대한 의식적, 전의식적, 무의식적 해석이 추가된다. 즉, 현재 이러한 감정을 갖기까지 성장 과정에서 특정 사건이나 대상이 있었는지, 그리고 어떠한 과정에서 이러한 감정이 경험되는지 등에 대한 탐색을 통해 현재 자신이 느끼는 감정적 문제들이 과거의 미해결된 사건과 연관되어 내재된 문제라는 것을 인식하도록 돕는다(Davis et al., 2008). 내담자가 과거 경험들과 연관된 이슈나 감정을 심층적으로 재구성하고 현재와 적절히 통합할 수 있도록 돕는 것을 주요 목표로 하는 재구성적 단계에서는 일반적으로 선율적, 화성적인 전개가 다층적이거나 복합적이면서도 그 전체적 형식이 충분히 견고하고 안정적인 음악을 사용한다 (Summer, 2002). 이와 같이 정신장애를 위한 음악심리치료는 정신역동적인 음악심리치료로서 그 대상과 목표에 따라 지지적, 재교육적, 재구성적 수준으로 나뉘며, 각 수준에서 음악은 선율적, 화성적, 형식적 구성이 다르게 사용된다.

## 3) 교정시설에서의 집단음악심리치료

근래에 들어 서양의 많은 연구들이 재소자들 중 심각한 정신장애를 가졌거나 정신장애적 증상을 호소하는 사람들의 비율이 지속적으로 증가하고 있음을 보고하고 있다(Davis et al., 2008). 우리나라에서도 성격장애를 의미하는 '사이코패스'로 분류되는 범죄자의 기사를 심심치 않게 접하게 되는데, 이들에 대한 진단과 분석에 대해서는 대단한 사회적 관심을 가지면서도 치료에는 별 관심을 가지지 않는다. 정신장애를 가진 재소자를 위한 정신건강 프로그램이 활성화되지 못한 이유는 재소자를 정신장애자보다는 우선적으로 법을 어긴 범죄자로 보는 시각이 우세하다는 것과 교도소라는 특수한 환경이 치료사들에게 생소한 일터이기 때문이다.

Thaut(1987)는 교도소라는 특수한 환경에서 음악심리치료는 재소자들에게 긍정적인 사고와 감정 그리고 행동을 활성화시켜 준다고 하였다. 특히 정신장애를 가졌거나 정신장애 관련 증상을 호소하는 재소자에게 매우 효과적인 심리사회적 처치를 제공한다고 주장하였다. 그에 따르면, 음악심리치료는 이러한 재소자들이 그들의 개인적 생각이나 감정을 음악을 통하여 구조적이고도 건설적인 방법으로 표현하고, 규칙을 배우고, 충동을 조절하며, 타인과 적절히 소통하도록 돕는 역할을 한다. 이때 음악심리치료의 주요 목표는 재소자가 음악과 음악적 경험을 통하여 불안과 스트레스를 해소하고, 공격성과 호전성을 감소하며 긍정적 정서를 유도하는 것이 된다. 그 밖에 그가 제시하는 목표들은 자존감 증진, 타인 존중 및 적절한 사회적 지지 및 교류 확대, 안전한 자기표현 통로 제공, 자기 인지 및 통찰 등으로 일반적인 정신장애 내담자를 위한 목표와 유사하다.

정신장애를 가진 재소자를 위한 음악심리치료는 안전 등의 이유로 개인보다는 주로 집단으로 행해지는데, 그 주요 형태에 대하여 Davis, Gfeller와 Thaut(2008)는 유도된 음악 감상과 상담(Guided Music Listening and Counseling), 치료적 즉흥연주(Therapeutic Improvisation), 그리고 음악과 이완(Music and Relaxation)을 제시하였다. 먼저 그들이 제시한 유도된 음악 감상과 상담의 주요 절차는 〈표 3-5〉와 같다.

**〈표 3-5〉 유도된 음악 감상과 상담의 주요 절차**(Davis, Gfeller, & Thaut, 2008)

| 절차 | 내 용 |
|---|---|
| 1 | 각 내담자가 현재 자신의 정서, 감정, 걱정 또는 관심사에 대하여 설명한다. |
| 2 | 각 내담자가 세션을 통해 다루고자 하는 개인적 문제를 구체화하고, 이에 따른 행동적 목표를 기술한다. |
| 3 | 각 내담자는 자신의 문제와 연관된 음악을 선택하여 감상한다. |
| 4 | 각 내담자는 음악으로부터 유발된 감정과 생각에 대해 토론한다. |
| 5 | 치료사의 안내를 통해 각 내담자는 자신의 문제와 연관하여 음악적 경험을 해석한다. |
| 6 | 다음 세션에 대한 목표를 설정한다. |

다음으로 다양한 타악기를 사용한 집단 즉흥연주는 집단 구성원들 간의 의사소통을 활성화한다. 연주할 악기는 내담자가 직접 선택하기도 하고 치료사가 결정하여 제공하기도 한다. 구성원들은 분노, 애도, 안도, 불안, 기쁨 등과 같은 다양한 정서를 악기 연주를 통해 적절한 방법으로 표현하고 교류하게 되는데, 이때 치료사는 간단하고 명료한 화성 구조와 같은 구조를 제시하여 내담자들이 즉흥연주를 할 때 음악의 진행을 쉽게 파악하고 안전감을 가지도록 하는 동시에 반복되는 후렴구를 함께 제시하여 각 내담자가 독주하는 부분과 집단이 합주하는 부분을 구조화할 수 있다. 예를 들어, I-IV-I-V-IV-I 의 진행을 가진 블루스(Blues)의 경우 I-IV-I 는 합주로, V-IV-I 는 독주로 구조화할 수 있다. 이에 대한 예는 〈예시 3-15〉와 같다.

예시 3-15 블루스의 독주와 합주

　　화성이 아닌 장단으로도 이러한 구조화를 할 수 있는데, 예
를 들어 우리나라 민요 중 '쾌지나 칭칭나네'의 경우 가사가
있는 부분을 독주로, 후렴구 부분을 합주로 구조화할 수 있
다. 이에 대한 예는 〈예시 3-16〉과 같다.

**예시 3-16** 장단 구조화를 통한 독주와 합주 – '쾌지나 칭칭나네'

이러한 독주-합주의 구조화는 각 내담자에게 적절하고 구
조적인 방법으로 자신을 표현하도록 하는 동시에 집단의 지
지를 얻고 소속감을 느끼게 한다. 치료사는 즉흥연주를 한 다
음 다 함께 음악적 경험에 대해 언어적으로 나누도록 도움으
로써 내담자들의 사회적 의사소통을 활성화한다.

마지막으로 음악과 이완 세션은 〈표 3-6〉과 같은 절차로
진행된다.

〈표 3-6〉 음악과 이완 세션의 절차

| 절차 | 내 용 |
|---|---|
| 1 | 내담자들이 자신의 불안, 스트레스 또는 긴장을 구체화하고 그 근원을 생활에서 찾아본다. |
| 2 | 치료사는 간단하고 효과적인 스트레스 관리 기법들을 적용하고 훈련한다. 이때 심리적, 신체적 이완을 위해 내담자들이 선택한 조용한 음악을 배경음악으로 사용한다. |
| 3 | 치료사와 함께 내담자들이 그들의 경험과 이러한 기법들을 실생활에서 적용할 수 있는 방법들에 대하여 토론한다. |

Davis, Gfeller와 Thaut(2008)는 정신장애를 가진 재소자들
을 위한 음악심리치료에서 치료사가 특별히 고려해야 할 몇
가지 사항들을 제시하였다. 그들에 따르면, 치료사는 무엇보
다도 자신의 치료 목표나 세션의 내용이 재소자들이 지켜야
할 생활규칙과 상충되어 재소자들의 행동이나 사고에 혼란을
주지 않는가를 고려해야 한다. 또한 음악을 선택할 때는 자유
와 개인적 선택이 제한되어 있는 내담자의 음악심리치료에

대한 참여 동기를 유지하기 위하여 가능하다면 그 선택권을 내담자에게 주도록 배려해야 한다. 다만, 내담자가 선택한 음악이 부정적 사고, 정서, 행동을 유발할 가능성이 있는가를 고려할 필요는 있다. 만약 치료사가 내담자를 위한 음악을 선택해야 할 경우는 내담자의 문제뿐만 아니라 음악적 취향을 충분히 고려하는 것이 필요한데, 이는 음악심리치료에서 내담자의 음악적 취향에 맞는 음악이 치료 목표를 달성하는 데 더 효과적이기 때문이다(Unkefer & Thaut, 2005). 그리고 과거의 행동 때문에 처벌을 받고 있는 내담자들의 문제를 다룰 때는 과거를 위주로 통찰을 유도하기보다는 지금-여기에 초점을 맞추어 안전하고 효과적인 접근을 하는 것이 바람직하다.

정신장애를 가진 재소자를 위한 음악심리치료는 사회적, 문화적, 경제적인 이유로 아직까지 활성화되지 않고 있지만, 음악이라는 안전하고도 심미적인 방법으로 자기표현과 교류를 활성화하고 부정적 정서의 감소를 유도할 수 있는 음악심리치료는 정신장애를 가진 재소자뿐만 아니라 정신장애를 가지지 않은 재소자들에게도 매우 효과적인 심리치료 방법이 될 수 있다.

## 3. 호스피스 대상자를 위한 음악심리치료

호스피스란 죽음을 앞둔 말기 내담자와 그 가족을 사랑으로 지원하고 돌보는 행위로서, 내담자가 남은 여생 동안 인

간으로서의 존엄성과 삶의 질을 유지하면서 삶의 마지막 순
간을 평안하게 맞이하도록 신체적, 정서적, 사회적, 영적 도
움을 제공하는 것이며, 내담자뿐 아니라 남은 가족의 고통
과 슬픔을 경감시키기 위한 총체적인 돌봄(holistic care)이다
(National Hospice and Palliative Care Organization, 2003). 대개 내
담자들은 몇 주 또는 몇 개월 동안만 살 수 있다는 확실한 진
단이 있은 후 의사의 의뢰에 따라 호스피스 치료를 받는다.
호스피스 음악심리치료는 호스피스에 있는 내담자를 전인적-
신체적, 정신적, 사회적, 영적으로 돌보아 줄 뿐 아니라 내담
자의 가족까지 격려하고 지지하며, 우울감과 사회적 고립감
감소, 의사소통과 자아표현의 향상, 삶의 회상과 추억의 자극
및 긴장이완을 도모한다. 또한 자신의 삶을 정리하는 의미 있
는 과정을 돕고, 통증 조절, 스트레스 감소 등을 도와준다. 그
밖에 음악심리치료는 기분 전환, 영적인 자원 활용, 가족과의
관계 개선에도 효과적이다(West, 1994).
　대부분의 치료 방법들은 내담자가 죽음에 대해 이해하고
독립적으로 살아가고자 하는 동안 희망을 다시 갖는 것, 상실
감을 표현할 수 있는 것, 고통을 감수하는 것에 대한 이해, 다
른 사람들에 대한 용서에 더욱 중점을 둔다. 내담자는 오랜
병원 생활 또는 신체적 고통으로 자신의 감정을 언어적으로
표현하는 것에 어려움을 보인다. 이러한 이유로 음악심리치
료의 주된 목적은 병원생활과 병고에 따른 신체적 · 심리적
고통, 죽음 그리고 다른 것들에 대한 감정, 생각, 희망, 두려움

과 같은 것을 표현 또는 분출하는 데 중점을 두고 제공되고 있다(Martin, 1989).

이와 더불어 음악심리치료는 내담자가 자신의 병에서 오는 상실감과 부정적 감정 및 긍정적 감정을 표현하도록 이끌어 주는 하나의 중요한 도구가 될 수 있다. 이는 음악심리치료가 임종을 앞둔 내담자와 그의 보호자들이 슬픔과 상실, 고통과 불안감, 정신적 혼란과 착란 그리고 절망과 삶에 대한 의미가 결여된 상태를 극복할 수 있도록 도울 수 있기 때문이다 (Hillard, 2005). 단지 음악심리치료만이 감정을 표현할 수 있는 것은 아니지만, 음악심리치료는 무거운 감정을 덜어 주거나 음악을 통해 감정을 서로 나눌 수 있는 형태로 전달될 수 있다. 많은 연구들이 음악심리치료가 강한 불안을 완화하며 만성적인 고통을 조절할 수 있는 중요한 대체 요소로 사용되고 있다는 증거를 제시하고 있다(Aldridge, 2003).

따라서 음악치료사는 내담자가 고통과 죽음에 대한 두려움 때문에 상실할 수 있는 조절능력과 대응력에 치료적 목표를 둔다. 또한 내담자가 음악 또는 노래 그리고 활동을 선택하게 하고, 음악치료 참여 여부를 결정하도록 한다. 이때 치료사가 내담자의 저항이 감정적 격앙으로부터 자신의 기능을 보호하기 위해 사용될 수 있다는 것을 이해하는 것이 중요하며, 더 나아가 치료사는 내담자의 내재된 감정의 문제를 이해하고 반영하는 역할을 해야 한다.

호스피스 대상을 위한 음악심리치료는 내담자의 기능과 상태에 따라 다양하게 구성될 수 있는데, 이에는 음악 선곡하기, 녹음된 음악과 실제 연주하는 음악을 사용한 음악 감상, 자신이 좋아하던 노래 또는 익숙한 노래 부르기, 연주하기 그리고 노래 만들기 등이 있다. 음악을 선곡할 때 가장 중요한 것은 개인적인 의미가 담긴 노래를 선곡하는 것이다. 내담자는 곡을 선곡할 때 자신이 차마 하지 못했던 이야기 또는 문제에 대해 직접적으로 또는 간접적으로 의미를 내포하는 가사가 담긴 곡이나 자신의 현재 감정을 나타내는 멜로디를 담은 곡을 선택하는 경우가 많다. 이러한 음악적 매개체를 사용하여 내담자는 자신의 감정을 다른 사람에게 조심스럽게 전달할 수 있으며, 간접적인 의미 전달 방법을 택해 자신이 직접 대면해야 하는 문제들로부터 부담감과 두려움을 덜기도 한다 (Salmon, 2001). 내담자가 스스로 곡을 선택하는 것은 자긍심 향상과 내담자의 주체성 회복을 촉진한다.

호스피스 대상의 경우는 음악활동의 수준을 가장 수동적인 참여에서 능동적 참여로 이끌어 간다. 세션은 주로 음악감상을 통한 긴장이완으로 시작하는데, 음악의 규칙적인 리듬과 템포를 통해 호흡의 안정을 도모하고 이를 통해 신체에 내재된 긴장감을 감소시키는 것은 매우 중요하다. 신체적 긴장감 이완과 함께 음악은 내담자의 두려움과 신체적 고통에서 따르는 심리적 불안과 우울감을 감소시켜 주는 데 도움을 줄 수 있으며 더 나아가 통증 지각을 감소시키는 데도 효과가 있다고 보고되었다(Clair, 1996).

## 1) 음악 감상과 심상

음악 감상은 크게 긴장이완과 심상 유도를 위해 사용된다. 이완을 위한 음악 감상은 내담자에게 신체적 고통을 줄이고 긴장을 감소시킬 수 있는 경험을 제공하여 스스로 음악 감상 내에서 고통을 감내하는(cope) 방법을 가르쳐 주기도 한다. 음악 감상에서 내담자는 자신의 내면적인 필요에 따라 특정 주제나 문제를 제시할 수 있는 음악을 감상하고 감정이입을 하는 경우가 있다. 이러한 감정이입 과정을 통해 내담자는 자신의 감정을 자극하여 내면적인 문제를 이끌어 내기도 한다. 내담자는 자신의 이러한 내적 필요에 따라 스스로 음악을 선택하고 감상하는 결정권을 가지고 있다.

음악 감상과 심상은 감상 동안 내담자의 심상을 유도하여 내담자 스스로 자신을 이해하고 자신의 문제와 자기(self)를 발견할 수 있도록 하는 데 목적이 있다(Bonny & Savary, 1973). 음악 감상에서 제시되는 멜로디 또는 가사를 통해 과거의 시간, 장소, 특정한 사람 또는 사건에 대한 연상을 유도한다(Sears, 1968). 이러한 연상을 통해 내담자는 자신에 대한 이야기를 하거나 가족과의 문제에 대해 이야기하면서 자신의 삶에 대한 의미를 확인받는다. 이러한 감상과 연상을 통해 질병과 죽음의 두려움에 대한 긴장을 완화하고, 그들의 과거 경험의 기억을 회상하는 음악적 내면의 여행을 통해 질병으로부터 고통을 분산시키도록 유도한다(Munro, 1984).

　　호스피스에서의 심상기법은 비언어적인 접근 방법으로 내
담자의 의식세계에서 느끼지 못했던 것을 이미지화시켜 자신
의 내면세계와 연결하여 경험하게 하는 방법이다. 내담자는
MI를 경험하는 과정에서 자신의 호흡을 가다듬으며 이미지
를 연상하게 되고 음악이 멈추면 자신의 연상을 그림으로 표
현하거나 언어적으로 설명한다. 감상을 위한 곡을 선택할 때
는 이완 또는 심상의 목표에 따라 선택하는데, 〈표 3-7〉과 같
이 음악의 요소적 특성을 고려하여 선곡한다.

〈표 3-7〉 이완을 위한 음악과 심상을 위한 음악의 비교

| 이완 음악 | 심상 음악 |
| --- | --- |
| 템포가 일관적임 | 템포의 변화가 있음 |
| 템포가 느림 | 템포가 대체적으로 느리지만 반대되는 분위기의 빠른 템포도 가능함 |
| 일관적이라는 조건 내에서 2박 또는 3박임 | 박자가 변할 수 있음 |
| 선율이 매우 예측적이며, 그 형식이 전형적인 타원 형태를 보임. 선율의 음정 간격이 매우 적으며 대부분 순차 진행의 전개를 보임. 선율의 흐름이 호흡의 들숨과 날숨의 페이스를 구조화함 | 선율이 도약적으로 전개되며, 비예측적인 특성을 가짐 |
| 화음 전개가 전형적으로 조성적이며 협화음으로 구성됨. 예측적인 전개 및 화음 구성, 그리고 명확한 종지를 알 수 있음 | 화음 구조는 불협화음을 많이 포함하고 있으며, 다양한 전개를 보임 |
| 주로 현악, 목관악 중심의 음악으로 구성되어 있으며, 타악이나 금관악이 매우 적음 | 타악기, 금관악기 등 다양한 악기를 포함한 곡들이 많음 |
| 주로 레가토 느낌이 강하며, 가끔 베이스에서 느린 피치카토 연주를 볼 수 있음 | 레가토, 스타카토, 마르카토 등 다양한 형식과 아티큘레이션이 느껴짐 |

| 다이내믹 변화가 적음 | 다이내믹 변화가 큼. 아주 가끔 갑작스러운 변화가 있을 수 있음 |
|---|---|
| 반복이 많음 | 반복이 매우 적고, 크게 중요하지 않음 |
| 음악 기조(texture)가 일관적이며, 때에 따라 가볍거나 무거울 수 있음 | 음악 기조의 변화가 큼 |
| 지지적인 선율의 베이스를 느낄 수 있음 | 베이스 라인이 지지적이거나 활발한 움직임으로 리딩할 수 있음 |
| 리듬, 화음 등의 음악 요소 특성 및 전개가 비교적 예측적임 | 선율, 리듬, 화음 등의 음악 요소 특성 및 전개가 예측적이지 않은 경우가 많음 |

다음 곡들은 흔히 쓰이는 이완적인 곡이며, 동시에 심상을 유도할 수 있는 지지적인 곡들이다.

- J. S. Bach—Chorale Prelude ⟨Wachet auf, ruft uns die Stimme⟩ BWV.645
- J. S. Bach—Christmas Oratorio ⟨Shepherd's Song⟩ BWV. 248
- G. Bizet—Intermezzo from ⟨Carmen⟩ Suite No.1
- L.v. Beethoven—Piano Concerto No.5 ⟨Emperor⟩ Op.73, 2nd movement
- A. Dvořák—Serenade for Strings Op.22, 1st movement
- G. Faure—Pavane Op.50
- E. Grieg—Solveigs Vuggevise (Solveig's Cradle Song) Op.23
- J. Haydn—Cello Concerto No.1 Hob.VIIb:1, 2nd movement
- W. A. Mozart—Symphony No.34 K.338, 2nd movement

- G. Puccini—Humming Chorus from 〈Madama Butterfly〉 Opera Act 2, Part 1
- M. Reger—Lyrisches Andante (Liebestraum) for strings
- P. Warlock—Capriol Suite, Pieds-en-l'air

## 2) 악기연주

일반적으로 음악심리치료 내에서 악기연주의 목적은 내담자의 과제수행 능력, 문제해결 능력, 자신감 그리고 성취감을 경험하고자 하는 데 있다. 그러나 호스피스 내담자들은 대부분 신체적 고통과 사회적 고립, 우울함, 그리고 죽음에 대한 두려움과 자신의 감정을 다른 사람에게 전달하기 어려운 상황이므로, 연주를 통해 의사소통과 감정의 표현, 그리고 감정의 교류의 기회를 제공한다(Clair, 1996). 다양한 악기소리를 들어 보고 자신이 좋아하는 소리를 탐색해 보는 시간을 가진 후 선택한 악기로 현재의 자신의 감정을 소리로 표현해 보는 것은 스스로를 외부와 '소통'하게 해 주는 기회가 된다. 또한 내담자와 치료사 또는 집단 구성원들과의 상호작용이 이루어질 수 있으며, 음악은 그들의 적극적인 참여에 자연스럽게 동기를 부여하기도 한다(Clements-Cortés, 2004).

## 3) 노래 부르기와 만들기

호스피스 내담자에게 노래 부르기는 자신의 삶의 경험과

의미를 노래를 통해 표현하고 자신의 내재된 감정들을 만나고 탐색할 수 있도록 도와준다(Aldrige, 1995; Clair, 1996). 내담자는 노래 부르기를 통해 죽음에 관하여 자연스럽게 이야기할 수 있는 환경을 제공받기도 하는데, 많은 경우 개인적인 감정이나 생각을 가사화하여 새로운 노래를 만든다. 자신이 이전에 해 보지 못한 작사, 작곡을 치료사의 도움으로 매우 쉽게 자신만의 노래를 만드는 것은 매우 특별한 기회가 될 수 있다. 자신의 생각과 감정을 글이나 노래로 완성해 가는 과정에서 치료사가 많은 격려를 제공하고 내담자 자신의 음성으로 직접 노래한 것을 녹음하여 들려주는데 이는 내담자에게 매우 큰 보상으로 작용한다. 그 밖에 치료사는 내담자가 자신의 노래를 만드는 과정에서 음악적 기술뿐만 아니라 청취, 반영, 침묵, 공감 등 필요한 치료적 기술들을 적절하게 이용해야 한다(Munro, 1984).

호스피스 내담자를 위한 음악심리치료는 음악을 통해 자신의 감정과 생각을 충분히 다루는 기회를 제공할 뿐만 아니라 남은 시간 동안 삶의 질을 높일 수 있는 가능성, 그리고 미해결된 감정적 또는 관계적 문제에 대한 적절한 마무리(closing)의 기회를 줄 수도 있다. 살아온 삶에 대한 감정적 정리, 가치 규명 및 존재감을 확인받는다면, 이러한 결과는 음악 외적 환경에서 가족과의 관계에도 긍정적 변화를 줄 수 있다.

4

음악활동의
심리치료적 의미

## 1. 수용적 음악활동

음악심리치료에서 사용되는 활동은 음악 감상과 같은 수용적(receptive) 음악활동과 즉흥연주, 작곡, 노래하기 등과 같은 표현적(expressive) 음악활동으로 나눌 수 있다. 수용적 음악치료 활동은 내담자가 음악을 감상한 후 그 경험에 대한 이야기 또는 반응을 나누면서 감상을 통한 변화를 유도하는 것이다. 감상하는 음악은 녹음된 음악이거나 실제 연주 음악, 또는 내담자가 작곡한 음악일 수도 있다. 여기서 중요한 것은 감상 과정에서 내담자가 자신에게 일어나는 자극이나 반응 또는 변화들을 신체적, 감정적, 인지적, 심리적 또는 영적 차원에서 경험할 수 있어야 한다는 것이다(Bruscia, 1998a).

## 1) 음악 감상

음악 감상은 인간의 보편적인 음악 행동(musical behavior)이다. 음악 감상은 여러 문화권과 영역에서 치유적으로 사용되어 왔다. 음악심리치료 영역에서도 치료적 목적을 위해 감상을 중심으로 여러 단계와 접근을 체계화하였는데, 이는 감상만으로도 치료 효과를 높일 수 있기 때문이다. 음악 감상은 주로 감상자의 정서와 감정을 변화시키거나 현재 가진 감정을 강화시키는 데 사용된다. 음악 감상에서 가장 중요한 것은 음악적 요소가 지닌 생리적 기능과 정서적 특징을 충분히 숙지해야 한다는 점이다(Sloboda & O'Neil, 2001).

수용경험에서 내담자는 음악을 듣고 그 경험을 침묵, 말 또는 여러 가지 양식으로 반응한다. 이때 내담자나 치료사의 생음악이나 녹음된 즉흥곡, 연주곡이나 자작곡 또는 여러 장르(예: 클래식, 대중가요, 재즈, 종교음악, 뉴에이지 등)의 음악이 사용될 수 있다. 음악 감상에서 음악은 내담자의 감정적, 인지적, 미적 또는 영적 측면을 자극할 수 있고, 치료사는 치료적 목적을 의식하여 이에 부합하는 곡을 선택한다(Grocke & Wigram, 2007).

충분히 의사소통이 가능한 대상에게도 음악은 매우 효과적인 표현 매개체로 활용된다. 음악을 만들거나 노래를 부르는 등 창의적인 음악 경험은 언어 이상의 표현들을 가능케 하며, 언어에 담긴 정서를 더욱 심도 있게 표현하도록 한다. 또한 음악은 교감을 촉진시켜 주는데, 이는 우리가 음악을 통해서 나누는 것은 음악이 아니라 그에 따른 감정과 시간이기 때문이다. 음악은 소통되어야 하는 내용을 내담자의 우뇌에서 치료사의 우뇌로 전달하는 역할을 한다. Schore(2003)는 이를 '우뇌-우뇌 공명(right brain-right brain resonance)'의 경험이라고 하였다. 이는 치료사와 내담자가 어떠한 감정적 내용을 다룰 때 음악을 통해 감정을 관장하는 두 사람의 우뇌가 자극되어 감정이 공명되는 음악적 공간(space)을 의미한다. 특히 내담자가 상담 환경에서 매우 감정적이고 격앙된 이야기를 나눌 때 내담자의 우반구가 활성화된다. 이때 음악은 내담자와 치료사의 '우뇌 → 우뇌 소통(right brain to right brain communication)'을 가능케 하며, 이러한 음악적 채널은 매우 효과적인 소통의 촉매제가 될 수 있다.

심리치료 환경에서 내담자에게 넓은 선곡의 폭을 주는 것은 매우 중요하다. 음악을 선택한다는 것은 선택에 대한 통제권이 주어졌음을 의미하며, 선택된 곡은 극히 개인적인 결정이라고 할 수 있다. 심리치료에서 음악을 사용한다는 것은 치료사와 내담자 간에 음악을 개입시킴으로써 내담자의 권리와 존중을 부여하는 것이다. 더 나아가 선곡의 폭이 넓어지면 넓어질수록 내담자의 정서 변화는 더 클 수밖에 없다. Butterson(2008)은 선곡의 폭에 따라 더 큰 기분 변화를 유도할 수 있다고 하였다. 이는 음악적 공간을 크게 만들어서 감정 탐색의 깊이, 색깔 그리고 그 범위를 되도록 넓게 하여 기분 변화나 감정 변화를 유도하는 것이다.

이러한 음악의 반영적 기능에서 동질성의 원리는 매우 중요한 요소다. 음악의 동질성의 원리는 Altschuler(1956)가 가장 처음으로 사용하였으나, Benenzon(1997)이 이후로 임상적인 접근에서 '동질(ISO)'을 응용한 다른 개념들을 소개하였다. 동질성에서 가장 기본적인 개념은 음악이 가진 요소적 특성을 감상자의 내면의 상태와 유사한 곡으로 선곡하여 감상자가 음악적으로 의사소통할 수 있는 채널을 형성하는 것이다. Benenzon은 '동질'의 개념을 조금 더 확대시켜 '관계성'을 강조하였는데, 이것은 인간이 가지는 '내재된 음향(internal acoustics)'을 의미한다. 여기서 내재된 음향은 인간의 생리적 리듬, 감정적 선율, 내재된 에너지 강도 등 인간이 가진 심리 · 생리적 요인들을 말한다. 이러한 내재된 음향이 음악의 요소적 특성과 어느 정도 동질적 특성을 가지고 있을 때 감상을 통한 변화가 효과적으로 일어난다(Traut, 1990).

한편, 내담자중심의 철학과 함께 음악이 감상자의 상태와 필요에 부합하도록 선택되어야 한다는 것을 고려했을 때, 선택된 음악이 진단적 역할을 하기도 한다. 이는 감상자의 내면적 필요(need)와도 깊은 연관성이 있기 때문이다. 인간의 선곡은 우연의 일치로 일어날 수 없다. 인간은 음악을 귀로만 듣는 것이 아니라 마음으로 또는 감정으로 듣기 때문에 선곡은 의식적이기보다는 무의식적으로 이루어지는 경우가 많다. 즉, 인간의 음악적 행동은 본능과 연관되며, 음악을 취함으로써 본능적인 필요와 욕구가 채워진다.

## 2) 이완적 감상

수용적 음악심리치료에서는 여러 가지 심상 스크립트를 이용해서 이완을 유도할 수 있다. 심상 유도 스크립트는 크게 시각적 심상, 감각적 심상으로 나뉜다. 시각적 심상은 숲 속, 정원 또는 호수 등과 같은 자연의 한 장면이나 색깔 등을 시각적으로 유도하는 것을 의미한다. 감각적 심상은 온기나 호흡 등 감각적으로 경험하는 것에 초점을 맞추면서 이완을 유도하는 것을 의미한다.

음악이 이완을 유도할 때 많은 경우 내담자는 음악에 집중하는 과정에서 여러 가지 방해적인 생각을 차단하는 데 어려움을 경험한다. 이때 시각적 심상은 다른 사고들이 방해하는 것을 방지함으로써 이완을 돕고 마음이 안정될 수 있도록 한다. 다음은 이러한 심상을 유도하는 데 쓰이는 몇 가지 스크립트다(Grocke & Wigram, 2007).

### (1) 호흡을 이용한 이완

이 스크립트는 몸에 긴장도가 높은 대상에게 매우 효과적이다. 특별히 통증을 느끼고 있다거나 불안감을 느끼는 상태에 있다면 호흡이 더욱 직접적인 역할을 하기 때문이다. 통증을 경험하는 경우 우리는 본능적으로 호흡을 위축시킨다. 호흡에 집중하는 것은 심폐기능을 원활히 해 주고 더 많은 산소를 들이 마실 수 있도록 돕는다. 날숨을 할 때 충분히 내뱉는 것이 중요한데, 이는 기존에 내재된 긴장을 호흡으로 발산시킬 수 있기 때문이다. 이때 음악은 들숨과 날숨의 속도에 적합한 곡을 선택한다. 선율의 악절이 충분히 숨의 고르기를 지지해 줄 수 있는 곡이면 더욱 효과적이다.

아주 예쁜 색깔의 풍선이 있다고 생각해 보세요. 이제부터 그 풍선을 불어 볼 거예요. 먼저 크게 숨을 들이마시고, 그 다음 풍선 안으로 숨을 내뿜으세요. 한 번 더……. 서서히 풍선이 커지네요. 아주 예쁜 형태로 풍선이 커지고 있어요. 이제 풍선을 높이 하늘에 띄워 보세요. 그리고 풍선이 올라가는 것을 상상해 보세요.

## (2) 감각적 심상
심상의 종류 중 온도와 같은 감각적 심상을 이용하는 경우도 있다. 시각적 심상을 떠올리는 데 어려움을 가진 내담자에게는 이러한 감각적 심상을 활용하는 것이 더욱 효과적일 수 있다. 이러한 감각적 심상의 예로 따뜻함을 심상화할 수 있는데, 그 예는 다음과 같다.

아주 편안하고 부드러운 모래 위에 누워 있다고 상상해 보세요. 그 위로 따뜻한 햇살이 내려오고 있고, 매우 편안하고 안정된 느낌을 줍니다. 그 햇살의 온기가 머리, 얼굴, 어깨…… 팔, 그리고 손과 손가락으로 내려오고 있고, 배, 다리 그리고

발 위로 내려옵니다. 이제 온몸이 매우 따뜻해지는 것을 느껴
보세요.

## (3) 자연적인 심상

심상에서는 많은 경우 자연과 관련된 소재를 활용한다. 이
는 자연이 생명력, 자생력 또는 영적인 힘을 내포하기 때문에
매우 치유적인 심상의 소재가 될 수 있기 때문이다. 자연을
소재로 하는 경우는 바다, 물, 산, 숲속, 동물, 꽃 등 여러 가지
가 있는데, 다음은 물을 심상의 소재로 사용한 예시다.

> 작은 강 옆에 서 있다고 상상해 보세요. 옆에는 나무가 있
> 고, 물이 흐르는 소리가 들립니다. 강가에 서서 보니, 물의 깊
> 이는 매우 얕습니다. 발을 살짝 담가 보니 흐르는 물의 표면
> 과 온도가 느껴집니다. 물이 발을 간질이는 것을 상상해 보세
> 요. 그 유쾌함을 느껴 보세요. 당신의 발가락 사이로, 그리고
> 발목을 스치며 물이 흐릅니다(이후 계속 확장할 수 있음).

이러한 심상은 치료사가 제시할 수도 있고, 때로는 내담자
가 자신의 과거나 추억의 한 장면에서 안정적인 장소와 공간
으로 상징될 수 있는 곳을 떠올릴 수도 있다. 때로는 꿈의 한
장면을 심상으로 설정하기도 한다. 이와 같이 심상은 정서 건
강에 치유적인 역할을 한다.

## 2. 표현적 음악활동

### 1) 즉흥연주

일반적으로 음악에서 즉흥연주는 연주자가 악보대로 연주하지 않거나 악보 없이 그때의 상황과 느낌에 따라 연주하는 행위를 말한다. 그러나 이는 매우 음악적인 정의이며, 음악심리치료에서는 즉흥연주의 의미가 다소 다르다. 일반적인 즉흥연주는 노래나 연주를 지지하기 위해 즉흥적으로 음악을 만들어 내면서 연주자들 간에 교류보다는 음악적 목표를 위해 음악적 생산물과 심미적 가치를 높이는 데 목적을 둔다(Hull, 2006). 즉, 일반적 즉흥연주에서는 음악적 산물에 일차 목적을 두기 때문에 이 과정에서 경험되는 개인적 변화는 이차로 간주된다.

이에 반해 임상적 즉흥연주는 치료사와 내담자가 진단, 치료 및 평가 목적을 위해 함께 즉흥적으로 연주하는 과정을 의미한다. 음악심리치료에서 즉흥연주는 내담자가 노래나 악기 연주를 통해 즉흥적으로 소리를 창조해 내거나 음악을 만들어 내는 활동으로, 내담자와 치료사가 음악을 통해 서로 교류하며 표현적, 상징적 또는 대인관계적 의미를 가진 음악적 성과물을 도출한다(Gardstrom, 2007). 이와 같이 음악심리치료에서의 즉흥연주는 그 목적이 임상적 변화에 있으므로, '임상적 즉흥연주(clinical improvisation)'라고도 한다.

임상적 즉흥연주나 드럼서클 모두 공통적으로 음악의 리듬
요소를 활용하여 감정과 에너지를 정화시키는 카타르시스적
경험을 제공한다. 카타르시스는 몸과 마음에 영향을 주는 좋
지 않은 정서를 몸 밖으로 배출시키거나 정화시키는 원리다.
심리적인 불안이나 억제된 감정을 리듬의 역동성을 활용하여
정화를 유도하는 것은 공통적인 치료 개념이라고 볼 수 있다.
음악은 이러한 중재의 중요한 매개체로서 감정적 절정을 경
험하게 하며, 감정에 실린 에너지 고조와 분출을 가능하게 한
다. 임상적 즉흥연주가 드럼서클과 구별되는 핵심적 이유는
임상적 즉흥연주에는 카타르시스 이외의 다양한 임상적 목
표가 존재하기 때문이다. 이에 대한 차이는 〈표 4-1〉과 같다
(Gardstrom, 2007).

〈표 4-1〉 임상적 즉흥연주와 드럼서클의 차이

| | 임상적 즉흥연주 | 드럼서클 |
|---|---|---|
| 목표/ 목적 | 발달 영역에서의 기능 강화와 심리적 통찰을 위함 | 사회적 또는 유희적 목적을 수반함(리듬감을 공유하고 소속감 또는 여흥을 위함) |
| | 개인별 사정에 따른 계획에 따라 전개됨 | 특별히 사정 절차나 개인적인 진단을 참조하지 않고 진행됨 |
| 자료 | 모든 악기, 목소리, 신체 악기 등 | 모든 북 종류와 손에 들 수 있는 타악기를 활용함 |
| | 관련적, 비관련적 자료 | 비관련적 주제를 중심으로 함 |
| | 리듬적 또는 비리듬적 요소 활용 가능 | 리듬적 음악 전개 |

| | 음악적 또는 언어적 진행 | 음악적 진행 |
|---|---|---|
| 진행 및 절차 | 개인 내적 또는 개인적 관계 | 개인 내적보다는 개인 간의 이슈들을 주로 다룸 |
| | 구조 또는 비구조 | 매우 구조화됨 |
| | 치료적 목표에 따라 진행 구도가 결정됨 | 사회적 또는 여흥적 목적에 따라 진행이 결정됨 |
| | 모든 것이 기록됨 | 모든 것이 기록될 필요가 없음 |
| 역할과 관계 | 내담자는 기능적 결함이 있거나, 장애 또는 문제를 가지고 있음 | 내담자는 개인적 장애, 결함 또는 문제를 특별히 가지고 있지 않음 |
| | 집단 구성원들을 몇 가지 이슈를 중심으로 한 동질적 집단을 이룸 | 구성원의 이슈가 각기 다른 이질적 집단임 |
| | 진행자는 전문 음악치료사(MT-BC)임 | 음악치료사가 아니라도 가능함 |
| | 필요에 따라 지시적이거나 비지시적임 | 매우 지시적임 |
| | 각 내담자와의 개별적인 관계형성이 중요함 | 각 내담자들과의 관계가 중요하지 않음 |
| | 치료적 목표를 달성하기 위한 기법들을 활용함 | 사회적 또는 여흥적 목적을 위한 기법을 활용함 |
| | 제시된 기븐(given)⁴⁾에 따라 내담자들이 반응하고 도전하고 연주함 | 내담자들은 기존의 즐거움을 살려서 (fundamental groove) 연주함 |
| | 즉흥연주 집단 내에서 제안된 몇 가지 규칙을 수용함 | 드럼서클 규칙에 따라 연주함 |
| 결과 | 개인적 또는 집단적 목표를 중심으로 결과를 분석함 | 소속감, 공동체 의식, 여흥을 중심으로 한 결과를 분석함 |
| | 음악적 산물이나 최종 결과물이 반드시 심미적일 필요가 없음 | 음악적 결과물이 매우 심미적이고 즐거움 |
| | 규칙적으로 평가됨 | 형식화된 평가의 부재 |

4) 여기서 기븐(given)이란 Bruscia가 제시한 음악 내적 환경에서의 연주 조건을 의미하는데, 이는 음악 외적 환경에서의 내담자 반응을 상징한다는 측면에서 의미가 있다. 이는 다음 '즉흥연주의 구조화'에서 더욱 자세히 다룬다.

따라서 음악심리치료에서 즉흥연주는 매우 조심스럽게 유도되고 제시되어야 한다. 음악치료사가 즉흥연주를 편안하지 않게 생각한다면 내담자에게도 치료적인 경험이 되지 않을 수 있다. 드럼과 같은 악기뿐만 아니라 인간의 목소리 또한 임상적 즉흥연주에서 주요 표현 매체가 된다. 목소리를 통한 즉흥연주에서 내담자가 전체적으로 선율이나 노래를 자유롭게 창작하는 경우도 있고, 기존 노래의 선율과 가사를 부분적으로 바꾸어 노래하는 경우도 있다. 이때 치료사는 내담자가 어떻게 자신의 목소리를 표현적으로 사용하는지, 리듬과 선율을 어떻게 사용하는지, 가사는 어떤 의미를 담고 있는지, 그리고 즉흥 연주를 통해 어떠한 심리적인 이슈가 표출되는지를 볼 수 있다. 또한 악기 연주의 경우 내담자가 선택한 악기는 무엇인지, 음색은 어떠한지, 연주되는 리듬과 음악적 요소들의 특성은 무엇인지, 어떠한 주제를 다루었는지, 주제가 있다면 그 주제와 즉흥연주가 어떠한 관련을 가지는지, 즉흥연주를 통해 내담자의 감정이나 심리적인 이슈가 어느 정도 표출되었는지 등에 초점을 둘 수 있다.

### (1) 즉흥연주와 투사

음악은 감상활동이든 연주활동이든 감상자의 정서와 분리될 수 없으므로 연주자 또는 감상자의 내면 상태와 필요에 대한 정보를 제공한다. 즉흥연주 음악을 통해 내담자는 본인의 감정과 심리적인 이슈들이 집단의 역동에 따라 자극되고 음악적으로 표현되는 것을 경험한다(Bruscia, 2001). 즉흥연주 환경이 내담자에게는 또 하나의 환경적 조건, 즉 '기븐(given)'으로 작용하므로, 제공된 음악심리치료 환경 내에서 내담자는 자신의 내면적인 문제, 성격적 특성 또는 심리적인 문제를 음악적 경험을 통해 투사시키고, 더 나아가 연주 후 집단의 구성원들과 연주된 음악에 대해 토론하면서 자신의 이슈와 관련된 부분을 내사하는 경험을 가질 수 있다. 예를 들어, 자신이 나약하다고 평가해 온 내담자가 연주 이후 자신의 연주가 매우 명확하게 생생한 강도로 연주되었다는 피드백을 받는다면 그 내담자에게 있어 그 즉흥연주는 내재된 긍정적 자원에 대해 기존과는 다른 새로운 시각을 인식하는 기회가 된 것이다.

치료사는 즉흥연주를 사용하여 내담자의 내면세계와 타인과의 상호작용에 관한 측면을 살펴볼 수 있다. 집단 즉흥연주의 경우 치료사는 내담자의 연주 패턴과 다른 내담자와 상호작용을 통해 그의 성향, 자세 그리고 여러 가지 태도적 문제를 분석할 수 있는데, 이는 즉흥연주 안에서 보이는 내담자의 자세와 이에 따른 음악적 특성이 음악 외적 환경에서 보이는 내담자의 행동 패턴을 반영하기 때문이다. 예를 들어, 집단 즉흥연주 시 가장 작은 악기를 선택하여 매우 조용히 연주하는 것은 비음악적 환경에서도 볼 수 있는 수동적 태도의 반영이라 볼 수 있다. 목소리 즉흥연주에서도 대인관계 불안을 가진 내담자는 자신의 목소리를 내는 과정에서 경직감과 위축감을 경험하기도 한다. 또한 즉흥연주에서는 여러 지시가 많은 경우 음악적으로 제시되기 때문에 내담자의 의사소통 패턴과 기술을 음악을 통해 관찰할 수 있다. 이와 같이 즉흥연주의 투사적 기능을 바탕으로 연주된 음악을 분석함으로써 내담자의 개인 내, 혹은 대인 간 이슈들을 진단해 볼 수 있다.

이와 관련하여 Broucek(1987)은 즉흥연주를 할 때 음악이 어떻게 표현되고 연주되는지를 바탕으로 연주자의 성향과 이슈들을 분석할 수 있다고 하였다. 그는 특히 음악을 이용해서 사정(assess)하는 경우 방어기제를 최소화할 수 있는 장점이 있기 때문에 즉흥연주 환경은 매우 효과적일 수 있다고 하였다. 그는 즉흥연주 시 집단 내에서 나타나는 내담자의 다양한 음악적 역할을, 크게 주도하는 사람(leader)-따르는 사람(follower), 닫혀 있는(closed) 사람-열려 있는(open) 사람, 드러나려는(visibility) 사람-드러나지 않으려 하는 사람, 참여하려고(participating) 하는 사람-철회하려고(withdrawing) 하는 사람 등으로 나누어 [그림 4-1]과 같은 사정표를 제안하였다.

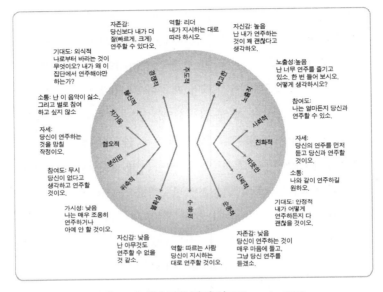

[그림 4-1] 즉흥연주 사정 척도(Broucek, 1987)

## (2) 즉흥연주와 방어기제

음악은 인간의 정서와 감정을 직접적으로 자극하고 유도하기 때문에 이에 대한 이성적 제재나 사고가 개입할 수 있는 여지가 낮다. 언어로 소통을 하는 경우 내담자가 다양한 방어기제를 활용할 수 있는 여지가 음악을 매체로 했을 때보다 훨씬 크다는 것은 임상을 통해 입증되었다(Priestley, 1994a).

음악적 행동은 그 사람의 정체성 실현과 연관되어 있으므로 음악적 상호작용에서 나타나는 다양한 방어기제는 내담자에 대한 정보이므로 치료과정에서 중요한 부분으로 간주된다(Priestley, 1994a). 음악심리치료 안에서 나타나는 방어기제의 모습들은 다양한데, 가장 흔히 볼 수 있는 저항은 집단 즉흥연주 시 내담자가 그 경험 자체를 매우 유치하다고 받아들이면서 무성의한 자세로 연주에 임하는 것이다. 매우 감정적이고 강렬한 연주를 한 이후 이에 대한 서로의 느낌을 나눌 때 악기 소리 또는 음 템포, 선율과 같은 음악 요소에 대해 인지적 분석 및 설명만 하려 하고 감정적인 부분에 대해서 전혀 이야기를 하지 않는 것 역시 저항의 한 예가 될 수 있다.

음악은 일차적 차원에서 인간의 감정과 정서를 자극하기 때문에 즉흥연주는 연주자가 어떠한 방어기제를 가졌는지, 이러한 기제가 어떠한 유형으로 나오는지 등에 대해 언어적 상황에 비해 보다 명확히 규명할 수 있는 기회를 제공한다. 여기서 일차적 차원이란 정신세계를 구성하는 세 가지 의식 차원 중 하나인 무의식 차원을 말하며, 이는 꿈, 기억, 에너지 등 원초아(본능)로 구성되어 있다. 이와 같이 일차적 차원에서 경험되는 음악은 저항과 같은 방어기제가 개입할 수 있는 여지를 감소할 수 있다.

### (3) 즉흥연주의 구조화

즉흥연주 세션을 구조화하는 데는 다양한 전략과 진행 방법들이 있다. 먼저 즉흥연주 주제는 크게 관련적 즉흥연주와 비관련적 즉흥연주로 나뉜다. 관련적 즉흥연주는 어떤 이미지, 주제, 제목, 이야기, 감정 등에 대해서 연주하는 것을 말한다. 관련적 즉흥연주는 특정 주제를 중심으로 시작되고 전개되기 때문에 주제를 선택할 때 치료사와 내담자(들) 간의 충분한 토론이 요구된다(Bruscia, 2001). 이러한 관련적 즉흥연주는 직접적으로 주제에 다가가거나 주제를 음악에 투사시킬 수 있는 장점이 있다.

반면, 비관련적 즉흥연주는 자유 즉흥연주라고도 불리는데, 여기서 이야기하는 자유는 비구조라는 의미가 아니라 연주되는 음악의 주제를 설정하지 않는다는 의미다. 비관련적 즉흥연주에서는 연주되는 음악과 소리의 형태에 중점을 두어 소리의 강도, 연주자들의 음악적 대화, 소리 패턴, 형식 등을 분석하는 과정이 중요하다.

또한 즉흥연주는 연주 과정과 전개를 중심으로 구조화될 수 있다. 이에는 Bruscia(1987)의 '기븐(given)' 개념을 적용할 수 있는데, 여기서의 기븐은 구조, 규칙, 고려사항 등을 의미한다. 기븐은 집단 내담자들에게 시작점 또는 초점(focus)을 제시하며, 연주를 시작하고 전개하는 데 필요한 구조로 작용한다. Bruscia는 세 가지 기븐을 제시하였는데, 이는 언어적 조건, 과정적 조건 그리고 대인적(interpersonal) 조건이다. 언어적 조건은 표현하고자 하는 내용을 몇 가지 악기로 할 것인지와, 또는 어떠한 소리가 자신의 상태를 가장 잘 반영할지를 생각해서 '소리단어'로 표현하게 하는 등 표현 방법과 형태를 구조화하여 제시하는 것을 의미한다. 과정적 조건은 시간과 전개를 구조화하는 것인데, 예를 들어 각각 몇 분씩 연주하는지 등을 구조화하는 것이다. 그리고 대인적 조건에서는 연주하는

사람을 지정하거나 연주 내에서의 순서 또는 누가 누구의 연주
를 지지할 것인지 등을 정한다.

Gardstrom(2007)은 즉흥연주에서 구조화가 매우 중요한 개
념이라고 강조하면서 다음과 같은 이유를 제시하였다. 첫째,
구조화는 음악 경험의 예측성을 제공한다. 즉흥연주가 어떻
게 진행될 것인지를 구상한다면 이에 따라 어떠한 경험이 제
공될지에 대해서도 대략 예측할 수 있다. 이러한 예측성은 갑
작스러운 변화나 요구에 대비해야 하는 긴장과 불안감을 방
지해 준다. 긴장과 불안과 같은 부정적인 정서를 경험하지 않
는다면 집단 구성원들은 더욱 즉흥연주에 몰입할 수 있으며,
안정적인 분위기는 치료사와의 라포 형성에도 도움을 준다.

둘째, 구조화는 논리적인 전개를 가능케 한다. 즉흥연주에
서 구조는 어떻게 연주가 전개될지에 대한 논리적 사고를 가
능케 한다. 음악은 단계적으로 또는 주제에 따라 특정 틀 안
에서 전개된다. 이러한 틀에 기반을 둔 전개는 연주자로 하여
금 안전하게 음악적 표현을 할 수 있도록 한다.

셋째, 구조화는 평등감과 응집력을 가져다준다. 많은 내담
자들이 함께 즉흥연주를 하는 경우 각 개인이 가진 한계점,
필요, 임상적 목표, 성향, 성숙도 등이 각기 다르다. 이러한 이
질감이 집단의 역동을 더욱 강화시켜 줄 수 있지만 동시에 각
개인이 분리되고 고립되도록 할 수도 있다. 구조화는 이러한
이질감을 감소시키고 하나의 공통적인 초점을 토대로 연주에
몰입할 수 있도록 돕는다. 구조 안에서 음악을 만들 때 내담

자들은 스스로 만들어 내는 음악을 통해 성취감을 경험할 수 있으며, 결과물에 대한 소속감(we-ness)을 느낄 수 있다.

넷째, 구조화는 의미를 창출한다. Aigen(2005)은 치료의 단계에 따라 각기 다른 구조적 개입(intervention)이 이루어져야 한다고 강조하였다. 치료 단계에 따라 그 단계에서 목표하고자 하는 치료적 결과(output)를 위해 여러 가지 구조적 요인들이 접목되어야 한다. 즉, 치료사가 추구하는 행동적 또는 음악적 결과물을 산출하기 위해 필요한 구조적 요인과 환경을 효율적으로 설정해야 더욱 의미 있는 치료적 목표를 성취할 수 있다. 이와 같이 구조는 내담자와 치료사 모두의 경험을 더욱 의미 있고 가치 있게 한다.

마지막으로 구조화 수준에 따라 치료사는 내담자에게 그 주도권을 이양할 수 있다. 즉흥연주에서 구조적 수준이 낮으면 낮을수록 음악은 내담자 중심이 되며, 이에 따라 내담자-음악 관계는 더욱 깊어질 수 있다. 이러한 구조화 수준은 한 세션 내에서 점차적으로 조정될 수도 있고, 세션 수가 진행됨에 따라 달라질 수도 있다. 또는 한 세션 내에서 특정 내담자가 주도하도록 역할을 부여할 수도 있다. 중요한 것은 치료사가 내담자와 음악과의 관계의 깊이, 즉 내담자가 음악과 어떠한 관계를 맺을 수 있는가를 파악해서 구조화 수준을 조정하는 것이다. [그림 4-2]는 음악심리치료에서 구조화 수준과 주도권과의 관계를 나타낸다(Darley-Smith & Patey, 2003).

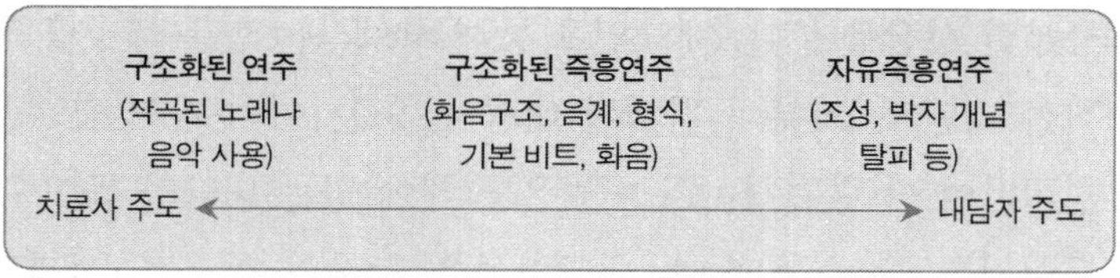

| 구조화된 연주 | 구조화된 즉흥연주 | 자유즉흥연주 |
|---|---|---|
| (작곡된 노래나 음악 사용) | (화음구조, 음계, 형식, 기본 비트, 화음) | (조성, 박자 개념 탈피 등) |

치료사 주도 ◀─────────────────────▶ 내담자 주도

[그림 4-2] 음악심리치료에서의 구조화 수준과 주도권의 관계

## (4) 즉흥연주 단계

즉흥연주의 단계 또는 전개 과정은 치료사의 철학과 세션 진행 기술에 따라 달라질 수 있지만, 기본적으로 준비 토론 → 체크인 → 즉흥연주 → 언어적 프로세스 → 마무리로 전개된다. 이러한 기본적 진행 구조에, 필요에 따라 이차 즉흥연주가 첨가되기도 하고 마무리에 즉흥연주가 사용되기도 한다. 준비 토론은 내담자들이 각자를 소개하는 시간이며, 또한 치료사가 즉흥연주에 대해서 설명하고 어떠한 경험이 될 수 있는지, 그리고 그 경험이 어떠한 도움을 줄 수 있는지에 대해서 내담자와 서로 이야기를 나누는 시간이다. 내담자의 증상과 상태, 연령, 성별, 직업 또는 특성에 따라 즉흥연주에 대한 불안이나 긴장이 있을 수 있으므로 치료사는 즉흥연주와 관련된 진행 사항이나 전제에 대하여 자세히 설명하는 등 내담자에게 심리적인 안정감을 제공하고자 노력한다.

체크인(check-in)은 본격적인 즉흥연주에 앞서 각자 어떠한 상태에 있는지를 언어(단어)나 소리(악기)로 표현하는 것으로, 치료사는 내담자가 충분히 각자의 상태를 표현할 수 있도록 충분한 시간을 준다. 체크인을 통해 치료사는 힘든 하루를 경험한 내담자, 기분이 침체된 내담자, 또는 여러 가지 감정을 경험하여 딱히 규명하기 어려운 상태에 있는 내담자 등이 누구인지를 알 수 있으며, 내담자들은 각자의 정서적, 심리적 필요(need)가 무엇인지를 나누게 된다.

즉흥연주에서는 악기소리가 언어를 대신하는 경우가 많으므로 먼저 내담자들에게 다양한 악기에 대하여 소개하고, 내담자로 하여금 다양한 악기들의 소리를 들어 보고 탐색하게 하는 것 또한 중요하다. 내담자에게 익숙하지 않은 악기들이 많을 수 있으므로 치료사는 치료의 전개에 따라 서서히 악기의 수를 증가시킨다. 초기에 너무 많은 악기를 제시하면 즉흥연주를 할 때 내담자가 집중하지 못할 수도 있기 때문이다. 집단일 경우 체크인을 하기 싫어하는 내담자가 있다면 강요하기보다는 다음 내담자로 진행하고, 언어적 체크인을 힘들어한다면 악기를 사용하여 음악적으로 체크인하도록 유도한다. 그런 다음 자유로운 주제를 선정해서 집단 구성원들을 음악적 공간으로 모은다.

체크인이 끝나면 바로 본격적인 즉흥연주에 들어가도록 한다. 이는 시간이 지날수록 긴장이 더해지고, 결과적으로 저항이 고조될 수 있기 때문이다. 단, 어느 정도의 표면적 긴장(superficial tension)은 연주에 효과적이므로 치료사는 바로 즉흥연주를 시작하면서 내재된 에너지를 연주로 승화하도록 유도한다. 치료적 목표에 대한 방향이 중요하므로 치료사는 명

확한 계획을 가지고 즉흥연주를 전개하되, 내담자들의 필요
나 반응에 따라서 계획을 효율적으로 조율하는 순발력을 갖
추어야 한다. 많은 경우 즉흥연주는 각 내담자가 자신의 진정
한 부분을 만나고 표현하는 장으로, 이 안에서 내담자들은 서
로에 대한 신뢰, 생각, 느낌, 감정이입 등을 경험한다. 따라서
치료사는 내담자들이 서로 음악적으로 연결되도록 유도하는
것이 중요하다. 본격적인 즉흥연주 시, 특별한 이유가 없는
한 구성원 모두가 참여하는 것이 적절하다. 필요에 따라 집단
내로 '숨어야' 하는 내담자의 경우 개별적으로 연주하게 하면
너무 많은 긴장을 느낄 수 있기 때문이다. 개별 연주는 내담자
가 즉흥연주에 익숙해지고 자신감을 가진 후에 하도록 한다.

마지막으로 즉흥연주 이후 언어적 프로세스를 가진다. 언
어적 프로세스에서 종종 예상치 못한 내용의 소통이 있을 수
있으므로 치료사는 집중력과 방향을 잃지 않으면서 내담자의
이야기를 존중해 주는 언어적 기술을 가져야 한다. 즉, 치료
사는 충분히 내담자의 개인적 경험을 반영해 주고 이에 대한
집단 구성원과 치료사의 지지와 통찰을 제시해 주어야 한다.
언어적 과정 후에 상황과 필요에 따라 짧은 마무리(closing) 즉
흥연주를 하는 경우도 있다(Gardstrom, 2007).

## 2) 노래 활용 기법

노래는 인간의 삶에서 쉽게 접할 수 있는 음악 자원이며,

삶의 다양한 주제를 다루기 때문에 치료적으로 유용하다. 노래는 인간의 의식뿐만 아니라 무의식적인 내용들을 자극하고 탐색하게 하기도 하는데, 무의식중에 흥얼거리는 멜로디는 우리 안의 충동과 표현되지 못한 욕구들을 상징하기도 하며, 돌발적으로 떠오르는 멜로디는 무의식에 억압된 사고의 한 부분이기도 하다(Jung, 1960).

음악심리치료에서 노래의 사용은 앞서 소개한 Wheeler의 심리치료단계에 따라 구분될 수 있다. 첫 단계인 활동 중심의 수준에서는 특정 노래 자체의 정보과 내용에 초점을 두며, 두 번째 단계인 통찰 중심의 수준에서는 특정 가사의 의미를 탐색하고 그것이 개인에게 어떠한 의미가 있는지, 그리고 어떠한 감정을 갖게 하는지에 대해서 이야기한다. 마지막으로 재구성적 수준에서는 특정 노래가 개인의 삶 자체와 어떠한 연관성을 가지는지에 초점을 두고 전개한다. 어떠한 수준에서 노래를 활용할지는 집단의 성숙도와 치료 단계 및 치료 형태(열린 집단 또는 닫힌 집단인지의 여부) 등에 따라 달라진다.

노래를 활용하는 음악심리치료에서는 가사 분석 및 토론을 통해 세션을 전개하기 때문에 음악심리치료에서 가사를 고려한 노래 선곡은 매우 중요하다. 제시된 여러 노래들 중에서 내담자가 노래를 선택하거나 자신이 나누고 싶은 노래를 가지고 오면, 치료사는 그 곡을 함께 감상하거나 부른다. 그러고 나서 노래에 대한 느낌과 생각을 나눈다. 여기서 노래는 내담자와 관련된 이슈를 탐색하고 다루기 위한 자원으로 활용된다. 감상 이후 내담자는 치료사와 함께 가사의 의미를 분석하고, 현재 그 가사가 다루는 내용이 실제 자신의 삶 또는 일상과 어떠한 관련성이 있는지, 그리고 가사의 의미를 어떻게 받아들이고 적용할 수 있는지에 대해 논의한다.

노래를 활용한 음악심리치료에서 치료사가 노래를 선곡할 경우 필요에 따라 노래의 한 부분을 활용할 수도 있고, 부분적으로 가사를 바꾸어 내담자에 맞게 개사를 할 수도 있다. 치료사가 선곡을 할 때 집단 구성원이 함께 공유할 수 있는 감정에 대한 노래를 선택해야 하는 경우, 특정 대상에 대한 감정 표현을 위한 선택을 해야 하는 경우, 치료사가 내담자나 집단에게 전하고자 하는 내용을 선택해야 하는 경우 등을 구별하는 것이 중요하다.

## (1) 노래의 심리치료적 기능

노래 선곡은 대상과 치료적 목표에 따라 달라지는데, 가사는 그 의미에 따라 다음과 같은 심리치료적 자료로 활용할 수 있다.

### ① 문제의 규명

감상하는 과정에서 특정 가사 구절이 내담자에게 의미 있게 다가올 때, 치료사는 이를 내담자의 문제를 규명하는 기회로 활용할 수 있으며, 더 나아가 노래의 가사를 이용하여 내담자의 심리적 이슈는 물론 이와 관련된 감정과 정서에 음악적으로 개입할 수 있다.

또한 감상하는 노래 가사를 통해 내담자가 스스로의 문제를 인식하게 되기도 한다. 예를 들어, 시인과 촌장의 '가시나무새'를 감상하면서 내담자는 자신의 마음에 내재된 복잡한 감정과 그에 따른 버거움과 외로움 등에 대한 문제를 인식할 수 있다. 물론 이 과정에서는 투사, 감정이입 등 다른 심리치료적 개념들이 적용될 수 있지만, 자신의 내면의 문제가 보다 구체화되고 언어화되는 기회가 될 수 있다.

더 나아가 이는 치료사와 내담자가 버거움과 외로움을 경험하게 하는 감정 하나 하나에 대해서 이야기해 볼 기회가 될 수 있다. "내 속에 있는 나"에 대해 이야기하고, 여기서 "당신의 쉴 곳"이란 무엇인지 등에 대해 토론하면서 문제를 하나씩 규명해 나가는 시간을 가질 수 있다.

## ② 감정이입

많은 경우 내담자는 노래에서 다루어지는 내용과 관련된 감정에 공감하고 또한 위로받을 수 있다. 노래를 감상하면서 가수가 노래하는 내용에 공감하거나 가수가 나의 감정을 이해해 준다고 느낀다면 이는 바로 내 안에 그 감정과 관련된 정서가 내재되어 있다는 의미다. 내적 세계의 감정을 외부 대상과 교감하는 것은 매우 치유적인 경험이 될 수 있다. 예를 들어, 삶의 힘겨움, 현실에서 도피하고 싶은 충동에도 불구하고 꿈과 소망을 가져야 한다는 가사의 노래는 현재 삶에서 힘

겨움을 경험하는 내담자에게 위로를 주며, 나아가 각자의 소
망에 대해서도 탐색해 볼 수 있는 기회를 제공한다. 패닉의
'달팽이'는 지친 하루에 대한 정서를 공감하고 희망적인 미래
를 상기시킨다. HOT의 '홀로서기'는 현실적인 어려움에서 비
롯된 좌절, 차별 그리고 사회적 핍박에 대한 정서를 공감하고
이러한 현실을 탈피하고자 또는 이겨내고자 하는 소망을 노
래한다.

### ③ 상징과 투사

노래에 사용되는 가사에는 많은 상징들이 있으며, 이러한
상징들은 인간의 공통적인 문제와 감정을 내포하고 있으므로
내담자는 노래를 통해 다양한 감정과 이슈에 대한 공감과 동
일시를 경험할 수 있다. 카니발의 '거위의 꿈'의 경우 '꿈'
'벽' '거위' 등의 상징들을 통해 치료사와 내담자는 자신의 꿈
을 이루는 과정에서의 어려움, 외부에서 오는 부정적인 시각
과 그에 따른 좌절, 그리고 이를 극복하려는 의지에 대해서
다루어 볼 수 있다. 내담자는 자신의 꿈이 무엇인지, 이와 관
련된 벽은 무엇이며 이를 어떻게 경험하는지, 날 수 없는 거
위가 날고자 하는 것은 어떠한 의미인지 등을 치료사와 이야
기하면서 자신의 생각과 시각 그리고 감정을 나눌 수 있다.

### ④ 자기 정화

노래 감상은 내담자의 표출하지 못한 욕구와 감정을 해소

해 주기도 한다. 내담자는 노래를 통해 외부와의 소통과 단절된 채 내적으로만 생각해 오거나 추구해 오던 이상 또는 변화들을 재발견하고 이에 따른 감정을 발산하는 경험을 할 수 있다. 예를 들어, 자신의 삶이 굴레와 같고, 더 이상의 변화나 희망이 없다고 생각하면서 방황하던 내담자가 임재범의 '비상'을 감상하면서 후렴 부분에서 감정적 고조(peak)를 경험하는 경우가 있다. 내담자는 자신에게 필요한 메시지가 담긴 가사를 반복해서 부르는 것을 통해 자신의 내재된 힘을 기르고 확인할 수 있다.

⑤ 설 득

내담자는 가사를 통해 현재 대면한 심리적 어려움에 대한 새로운 시각과 해결을 얻기도 한다. 많은 경우 노래는 투사뿐만 아니라 내사도 가능하게 한다. 윤상의 '달리기'에서처럼 가사의 긍정적인 메시지는 문제에 대한 새로운 시각, 그리고 문제를 극복할 수 있는 자신의 긍정적인 자원, 그리고 환경의 지지적 기반(support system)을 상기시켜 주는 역할을 하므로 내담자는 이러한 가사를 통해 자신의 문제에 대한 다른 시각과 문제해결에 대한 통찰, 메시지 등을 내사시키는 기회를 가질 수 있다.

⑥ 보편화

내담자는 노래의 가사를 통해 본인의 문제가 타인들도 경

2. 표현적 음악활동 | 191

험할 수 있는 것이라는 것을 인식하는 계기를 가질 수 있다. 즉, 자신만의 문제라고 생각하여 고립감과 외로움을 경험한 다고 믿는 사고에서 벗어나 자신이 겪는 일이 보편적인 경험 이나 감정임을 가사를 통해 위로받을 수 있다. 예를 들면, 권 진원의 '살다 보면'을 함께 부르며 삶과 결부된 문제들, 그리 고 관계에서 올 수 있는 기쁨과 슬픔, 행복감과 불행감, 성취 와 실패감 등은 우리 모두에게 피해 갈 수 없는 사항이며, 따 라서 지속적으로 감당하고 대처해야 하는 일임을 다시 확인 하는 것이다.

⑦ 자기표현

노래는 자기표현 수단이므로 언어화가 가능하지 않다거나 극적인 외상 때문에 감정 자체를 대면하기 어려운 내담자의 경우 치료사가 노래를 통해 내담자의 자기표현을 유도할 수 있다. 예를 들어, 오현란의 '후'와 같이 사랑하는 사람을 잃은 상실감과 혼자임에 대한 고통과 힘겨움을 표현하는 노래는 대 상을 상실한 고통을 가진 내담자의 자기표현을 유도할 수 있다.

(2) 노래 토론 단계

노래를 선곡한 이후 치료사는 다음의 세 단계를 통해 세션 을 전개할 수 있다(Grocke & Wigram, 2007). 첫 단계에서 치료 사는 내담자와 함께 노래를 감상한 다음 노래에 대한 전반적 인 느낌이나 생각, 또는 노래한 가수나 음악가, 목소리, 창법 등에 대한 생각에 대하여 질문할 수 있다. 이러한 질문을 통해 치료사는 내담자의 노래 선호도뿐만 아니라 내담자가 어떠한 심리적인 이유에서 그 노래를 선호하는지도 알 수 있다.

두 번째 단계에서 치료사는 노래의 가사 중 내담자에게 특별히 다가오는 가사 구절이 있는지, 감상한 노래가 내담자에게 특별한 의미가 있는지, 또는 내담자의 삶에서 특정 시대나 사건과 연관되는지를 논의한다.

세 번째 단계에서는 가사와 그 의미들이 내담자의 삶의 이슈와 관련이 있는지를 토론한다. 즉, 가사와 그 의미들이 내담자가 지금 현재 처한 상황과 관련이 있는지, 내담자가 왜 그 노래를 선택하게 되었으며, 그 노래는 내담자로 하여금 어떠한 감정, 생각이나 심상을 불러오는지 등에 대하여 토론한다. 더 나아가 집단 세션일 경우 치료사는 집단 역동을 유도하기 위하여 구성원들이 노래에 대해 어떠한 생각을 가지고 있는지와 그 노래에 다른 의미들도 있을 수 있는지를 함께 토론한다.

청소년들은 종종 특정 대상에 대한 분노 또는 절제되지 않는 폭력적 욕구 등을 다룬 노래들을 가지고 온다. 내담자가 매우 공격적이고 과격한 내용의 노래를 가지고 온다면, 치료사는 내담자의 선곡에 대해 적절히 반영하는 것이 중요하며, 특히 집단에서 이러한 곡들이 제안되었을 때 치료사는 집단의 목표와 내담자 개인의 필요에 따라 수용의 경계(boundary)를 지혜롭게 판단해야 한다. 또한 치료사가 이에 개입하기에 앞서 그러한 주제를 나눈 것이 괜찮은지에 대해 다른 구성원들의 의견을 모두 확인하고 다른 구성원들이 수용적임을 확인하는 등 집단 구성원들의 반응을 민감히 살펴보아야 한다.

예를 들어, 자살에 대한 이슈를 다룬 노래를 사용할 때 자살에 대한 이야기를 더욱 심화할 수도 있고, 집단과 내담자의 심리 상태에 따라 다른 주제로 토론을 유도할 수도 있다. 자살은 매우 민감하고 감정적인 주제이므로, 구성원들의 반응이 매우 방어적이거나 공격적일 수 있다. 따라서 치료사는 구성원들의 개인적인 이슈와 내담자들 간의 관계 문제 등에 대한 명확한 정보를 가지고 있어야 한다. 지지하는 역할이나 분노의 대상이 되는 역할, 또는 유사한 분노를 느낀 사람들과의 교감을 제공하는 역할 등에 대한 충분한 통찰력을 가지고 집단 역동성을 효율적으로 활용하는 것이 치료사의 능력이다.

노래에 대한 토론을 마친 후 세션의 마무리(closing)를 잘하는 것이 중요한데, 이때 치료사는 세션의 목표를 의식하여 그 시간에 다룬 내용을 정리하고 선곡한 노래의 의미, 각 내담자들이 나눈 이야기들과 이에 대한 코멘트, 토론을 통해 도출한 결론, 그리고 삶에 적용할 수 있는 부분 등에 대하여 요약하고 정리하면서 세션을 마친다.

## 3) 음악심리치료 활동에서의 치료적 구조

모든 음악심리치료에서 가장 중요한 요소는 치료적 구조(therapeutic frame and framework)로, 이에는 안전한 치료 환경,

전개 그리고 구성이 포함된다. 이러한 구조는 치료사의 임상
경험이 많을수록 효과적으로 작용한다(Darley-Smith & Patey,
2007).

### (1) 세션의 규칙성

모든 음악심리치료 세션은 동일한 장소와 시간에 꾸준히
제공되는 것이 중요하다. 이러한 규칙성은 내담자에게 치료
에 대한 안정감과 치료적 자극에 대한 리듬을 꾸준히 제공해
주기 때문이다. 세션의 시간적 구조는 심리적 안정감을 주며,
내담자가 주어진 시간만큼은 자신의 것임을 인식할 때 세션
에 더욱 의미 있게 참여할 수 있다.

이러한 세션과 관련된 규칙성을 치료사가 내담자와 사전에
계약(Contract)을 통해 확정하는 경우도 있는데, 예를 들어 외
래 병동의 경우 서면이나 구두로 치료사와 내담자가 특정 세
션 수에 참여하는 것을 서로 동의하고 시작하는 경우도 있다.
중요한 것은 치료사가 치료 세션이 일회적으로 끝나는 것이
아니라 지속적으로 유지될 때 효과가 있음을 내담자에게 상
기시키는 것이다. 동의되어야 하는 내용은 만나는 장소, 세션
의 형태, 총 세션 수, 세션의 빈도와 세션 비용 등이 있다.

### (2) 음악치료실과 개인적 공간

임상 기관 또는 학교와 같은 큰 기관에서 음악심리치료가
제공되는 경우, 다른 전문가나 보호자들이 세션 공간으로 들

어오거나 문을 열어 보는 등 전문적 시간과 공간이 보호받는 것이 어려울 때가 많다. 그러나 이러한 여건 속에서도 치료사는 세션이 진행되는 동안 어떠한 방법으로든지 방해를 최소화해야 한다. 먼저 정확한 시간에 세션을 시작하고 끝내는 것이 중요하며, 또한 세션을 진행하는 동안 시간표 또는 '세션 중'이라는 푯말을 걸어 놓는 등 치료사는 세션의 분위기와 참여 내담자들의 정서적 공간이 방해받지 않도록 보호해야 할 임무가 있다.

### (3) 세션의 종료

세션을 마무리할 때 치료사는 먼저 내담자가 세션으로부터 무엇을 얻어가야 하는지를 정리해 보아야 한다. 내담자가 무엇을 얻었고 확인받았는지를 모두 알 수 없더라도, 치료사는 세션을 마칠 때 내담자가 경험한 것을 어떻게 정리하게 할 것인지에 대한 방향을 설정하고, 내담자가 스스로 얻은 점들을 어떻게 통찰할 수 있도록 유도할 것인지를 생각해야 한다. 이를 위해 치료사는 세션이 시작될 때 내담자들이 나눈 자신의 상태와 이에 따른 필요(need)를 기억하고, 세션에서 보인 변화와 이와 관련된 긍정적인 제안을 제시하고 세션을 마무리한다. 또한 집단 세션의 경우 집단 구성원의 지지와 공감을 유도하고 집단의 긍정적 역동을 발전시키는 것은 매우 중요한 일이다. 이러한 역동은 전체 치료과정을 마친 후뿐만 아니라 음악심리치료 외 환경에서도 지지적 자원으로 활용될 수 있다.

# |참고문헌|

김동민(2006). 창조적 음악치료. 정현주(편), 음악치료 기법과 모델. 서울: 학지사.
김진아(2006). 정신분석적 음악치료. 정현주(편), 음악치료 기법과 모델. 서울: 학지사.
정현주(2004). 음악치료의 이해와 적용. 서울: 이화여자대학교 출판부.
정현주(2006). 음악치료의 주요 철학과 접근. 정현주(편), 음악치료 기법과 모델. 서울: 학지사.
정현주, 김동민(2004). 아동들을 위한 음악치료 놀이극. 서울: 학지사.
조순영(1993). 인지심리학을 통하여 본 음악청취. 서울대학교 대학원 석사학위논문.
최병철(1999). 음악치료학. 서울: 학지사.

Aigen, K. (1996). *Being in music: Foundations of Nordoff-Robbins music therapy. Nordoff-Robbins music therapy monograph series #1.* St. Louis, Missouri: MMB Music.

Aigen, K. (1999). The true nature of music-centered music therapy theory, *British Journal of Music Therapy, 13*(2).

Aigen, K. (2005). *Music-centered music therapy.* Gilsum, NH: Barcelona Publishers.

Aldridge, D. (1995). Spirituality, hope and music therapy in palliative care. *The Arts in Psychotherapy, 22*(2).

Aldridge, D. (2003). Music therapy references relating to cancer and palliative care. *British Journal of Music Therapy, 17*(1).

Aldridge, K. (1993). The use of music to relieve pre-operational anxiety in children a attending day surgery. *The Australian Journal of Music Therapy, 4.*

Altschuler, I. M. (1956). Music potentiating drugs. In E. T. Gaston (Ed.), *Music therapy.* Lawrence, KA: National Association for Music Therapy, 120-126.

Alvin, J., & Warwick, A. (1991). *Music therapy for the autistic child* (2nd ed.). Oxford & New York: Oxford University Press.

Anderson, J. R. (1985). *The Architecture of Cognition.* Harvard University. Press, Cambridge, MA.

Ansdell, G. (1995). *Music for life: Aspect of creative music therapy with adult clients*. London & Philadelphia: Jessica Kingsley Publishers.

Austin, D. S. (1996). The role of improvised music in psychodynamic music therapy with adults. *Music Therapy, 14*(1).

Austin, D. S. (1999). Vocal improvisation in analytically oriented music therapy with adults. In T. Wigram & J. De Backer (Eds.), *Clinical applications of music therapy in psychiatry* (pp. 141–157). London & New York: Jessica Kingsley Publishers.

Austin, D. S. (2001). In search of the self: The use of vocal holding techniques with adults traumatized as children. *Music Therapy Perspectives, 19*(1), 22–30.

Austin, D. S. (2002). The voice of trauma: A wounded healer's perspective. In J. Sutton. (Ed.), *Music, music therapy and trauma: International perspectives*. London & Philadelphia: Jessica Kingsley Publishers.

Austin, D. S., & 정현주 (2006). 심상유도와 음악. 정현주(편), 음악치료 기법과 모델. 서울: 학지사.

Barrickman, J. (1989). The use of songs in music therapy with cancer patients and their families. *Music Therapy, 3*(1).

Benenzon, R. (1997). *Music therapy: Theory and manual* (2nd ed.) Springfield, IL: Charles C. Thomas Publisher, Ltd.

Bonny, H. (2002). *Music and consciousness: The evolution of guided imagery and music* Gilsum, NH: Barcelona Publishers.

Bonny, H. L., & Savary, L. M. (1973). *Music and your mind: Listening with a new consciousness*. Port Townsend, WA: Institute for Consciousness and Music.

Broucek, M. A. (1987). An interactional model of music therapy improvisation based on interpersonal theories of psychotherapy. Unpublished master's thesis, Hahnemann University, Philadelphia.

Brown, S. (1999). Some thoughts on music, therapy, and music therapy. *British Journal of Music, 13*(2).

Bruscia, K. (1987). *Improvisational models of music therapy*. St. Louis: Charles Thomas.

Bruscia, K. (1998a). *Defining music therapy*. Gilsum, NH: Barcelona Publishers.

Bruscia, K. (1998b). *The dynamics of music psychotherapy*. Gilsum, NH: Barcelona Publishers.

Bruscia, K. (1996). Clinical assessment in the Bonny Method of Guided Imagery and Music. In K. Bruscia & D. E. Grocke (Eds.), *Guided Imagery and*

*Music: The Bonny method and beyond.* Gilsum, NH: Barcelona Publisher.

Bruscia, K. (2001). A qualitative approach to analyzing client improvisations. *Music Therapy Perspectives, 19*(1).

Buber, M. (1968). Jeg og Du(I and Thou). Oslo: J. W. Cappelens Forlag.

Bunt, L., & Hoskyns, S. (Eds.) (2002). *The handbook of music therapy.* East Sussex, UK: Brunner—Routledge.

Burns, D., & Woolrich, J. (2004). The Bonny method of guided imagery and music. In Darrow, A. A. (Ed.), *Introduction to approaches in music therapy,* (pp. 50-62). Siverspring, MD: American Association of Music Therapy.

Butterton, M. (2008). *Listening to music in psychotherapy.* UK: Radcliffe Publishing Ltd.

Cawley, R. H. (1977). The teaching of psychotherapy. *Association of University Teachers of Psychiatry Newsletter, January.*

Chetta, H. D. (1982). The effect of music and desensitization on preoperative anxiety in children. *Journal of Music Therapy, 18.*

Chodorow, J. (Ed.) (1997). *Jung on active imagination.* Princeton, NJ: Princeton University Press.

Clair, A. (1996). *Therapeutic uses of music with older adults.* Baltimore, MD: Health Professions Press.

Clements—Cortés, A. (2004). The use of music in facilitating emotional expression in the terminally ill. *American Journal of Hospice & Palliative Medicine, 21*(4).

Coleman, M. C. (1995). *Emotional and behavioral disorders: Therapy and practice.* Boston, MA: Allyn & Bacon.

Corey, G. (1986). *Theory and practice of counseling and psychotherapy.* Monterey, CA: Brooks/Cole Publishing Company.

Csikszentmihalyi, C. (1995). *Flow: the psychology of optimal experience.* NY: Harper & Row Publishers.

Darley—Smith, R., & Patey, H. M. (2003). *Music therapy.* London: Sage Publications.

Davis, W. B., Gfeller, K. E., & Thaut, M. H. (2008). *An introduction to music therapy: Theory and practice* (3rd ed.). Springfield, MD: American Music Therapy Association, Inc.

DeCaspter, A. J., & Fifer, W. P. (1980). Of human bonding: Newborns prefer their mother's voices. *Science, 208*.

Egan, G. (1998). *The skilled helper* (3rd ed.). Burbank, CA: Brooks-Cole.

Eigenberg, N., Cubumland, A., Spinrad, T., Fabes, R., Shepard, S., Reiser, M., Murphy, B., Losoya, S., & Guthrie, I. (2001). The relations of regulation and emotionality to children's externalizing and internalizing problem behavior. *Child Development, 72*(4).

Eliot, D. (1995). *Music matters: A new philosophy of music education*. New York: Oxford University Press.

Freud, S. (1957). Five lectures on psychoanalysis: Third lecture. In J. Strachey (Ed. and Trans.), *The standard edition of the complete psychological works of Sigmund Freud* (vol. 11, 29-39). London: Hogarth Press.

Gardstrom, S. (2007). *Music therapy improvisation for groups: Essential leadership competencies*. Gilsum, NH: Barcelona Publishers.

Garred, R. (2006). *Music as therapy: A dialogical perspective*. Gilsum, NH: Barcelona Publishers.

Gfeller, K. (1984). Prominent theories in learning disabilities and implications for music therapy methodology. *Music Therapy Perspectives, 2*(1).

Grocke, D. (2002). The Bonny music programs in Guided Imagery and Music: The Bonny method and beyond In K. Bruscia & D. Grocke (Eds.), *Guided imagery and music: the Bonny method and beyond* (pp. 100-133). Gilsum, NH: Barcelona Publishers.

Grocke, D., & Wigram, T. (2007). *Receptive methods in music therapy*. Jessica Kingsley Publisher.

Hanser, S. (2002). *Music therapist's handbook*. St. Louis: Waren H. Green, Inc.

Hepper, P., & Shahidullah, S. (1993). Newborn and fetal response to maternal voice. *Journal of Music Therapy, 20*(4).

Hillard, R. (2005). *Hospice and palliative care music therapy: A guide to program development and clinical care*. National Hospice & Palliative Care Organization.

Hull, A. (2006). *What is a community drum circle?* Retrieved December 25. 2006 from http://drumcircle.com/arthurian/communitydc.html.

Jung, C. (1960). The psychology of dementia praecox. In R. F. C. Hull (Trans.), *The psychogenesis of mental disease: The collected words of C. G. Jung* (3). Princeton, NJ: Princeton University Press.

Jung, C. (1974). *Man and his symbols*. New York: Dell Publishing Co.

Krout, R. E. (2000). Hospice and palliative music therapy: A continuum of creative caring. In D. Smith (Ed.), *Effectiveness of music therapy procedures: Documentation of research and clinical practice* (3rd ed., pp. 1-64). Sliver Spring, MD: American Music Therapy Association, Inc.

Larson, D., & Chastain, R. (1990). Self-concealment: Conceptualization, measurement and health implications. *Journal of Social and Clinical Psychology, 9*(4).

Lee, C. A. (1996). *Music at the edge: The music therapy experiences of a musician with aids.* London and New York: Brunner-Routledge.

Maslow, A. (1973). *The farther reaches of human nature.* NY: Viking Press.

Martin, J. (1989). Music therapy in palliative care. In J. Martin (Ed.), *The next step forward: music therapy with the terminally ill.* New York: Calvary Hospital.

Metzner, S. (1999). Psychoanalytically informed music therapy in psychiatry. In T. Wigram & J. D. Bacjer (Eds.), *Clinical application of music therapy in psychiatry* (pp. 102-118). London and New York: Jessica Kingsley Publishers.

Munro, S. (1984). *Music therapy in palliative hospice care.* St. Louis: MMB. Inc.

National Hospice and Palliative Care Organization (2003). *What is hospice and palliative palliative care.* Retrieved by Jun 14, 2005, from http://www.nhpco.orgpage=3281

Nelson-Jones, R. (2003). *Basic counselling skills.* London: Sage Publications.

Nordoff, P., & Robbins, C. (2007). *Creative music therapy* (2nd ed.). Gilsum, NH: Barcelona Publishers.

Odell-Miller, H. (2002). One man's journey and the importance of time: Music therapy in an NHS mental health day center. In A. Davis & E. Richards (Eds.), *Music therapy and group work: Sound company.* London: Jessica Kingsley Publishers.

Ornstein, S. (2001). *Smart but stuck.* Clearing House Publisher.

Priestley, M. (1975). *Music therapy in action.* London: Constable.

Priestley, M. (1994a). *Analytical music therapy.* Gilsum, NH: Barcelona Publishers.

Priestley, M. (1994b). *Essays on analytical music therapy.* Phoenixville, PA: Barcelona Publishers.

Robb, S. (1999). The effect of therapeutic music therapy interventions on the behavior of hospitalized children in isolation: Developing a contextual support model of music therapy. unpublished doctoral dissertation, The University of Kansas.

Robb, S. (2003). *Music therapy in pediatric healthcare: Researching and evidence-based practice.* American Music Therapy Association.

Robbins, A. (2000). *The artist as therapist.* London & Philadelphia: Jessica Kingsley Publishers.

Robbins, C., & Robbins, C. (1991). Self-communications in creative music. In K. E. Bruscia (Ed.), *Case studies in music therapy.* Gilsum, New Hampshire: Barcelona Publishers.

Robbins, C. (2005). *A journey into creative music therapy.* New Hampshire: Barcelona Publishers.

Rogers, C. (1980). *A way of being.* Boston, MA: Houghton Mifflin.

Rothbar, M., Ahadi, S., & Hershey, K. (1994). Temperament and social behavior in childhood. *Merrill-Palmer Quarterly, 40.*

Salmon, D. (2001). Music therapy as psychospiritual process in palliative care. *Journal of Palliative Care, 17*(3), 142-146.

Schore A. (2003). *Affect regulation.* London: WW Norton & Company.

Sheiby, B., & 김승아 (2006). 분석적 음악치료. 정현주(편), 음악치료 기법과 모델 (pp. 409-441). 서울: 학지사.

Sloboda, J. (1985). *The musical mind: The cognitive psychology of music.* Oxford: Clarendon Press.

Sloboda, J., & O'Neiil, S. (2001). Emotion in everyday listening to music. In P. Juslin & J. Sloboda (Eds.), *Music and emotion.* Oxford University Press.

Smootherman, W., & Robinson, S. (1988). *Behavior of the Fetus.* Caldwell, NJ: the Telford Press.

Steele, L. (1984). Music therapy for the learning disables: Intervention and instruction. *Music Therapy Perspectives, 1*(3).

Streeter, E. (1999). Definition and use of musical transference relationship. In T. Wigram & J. D. Backer (Eds.), *Clinical application of music therapy in psychiatry,* 84-101. London and New York: Jessica Kingsley Publishers.

Summer, L. (1990). *Guided imagery and music in the institutional setting.* St. Louis, MO: MMB Music INC.

Summer. L. (2002). Group music and imagery therapy; Emergent receptive techniques in music therapy practice. In K. E. Bruscia & D. E. Grocke (Eds.), *Guided imagery and music: the Bonny method and beyond.* Gilsum, New Hampshire: Barcelona Publishers.

Summer, L. (2009a). Client perspectives on the music experience in music-centered Guided Imagery and Music (GIM). unpublished doctoral dissertation, Aalborg University.

Summer, L. (2009b). *GIM Level III workshop package*. Presented at the GIM level III training, Paxton, MA: Institute of Music and Cosnciousnes, Anna Maria College.

Summer, L., & 정현주 (2006). 심상유도와 심상. 정현주 (편). 음악치료기법과 모델(pp. 289-328). 서울: 학지사.

Thaut, M. H. (1987). A new challenge for music therapy: the correctional setting. *Music Therapy Perspectives, 4*.

Thaut, M. H. (1990). Neuropsychological processes in music perception and their relevance in music therapy. In R. F. Unkefer (Eds.), *Music therapy in the treatment of adults with mental disorders* (pp 3-32). NY: Schirmer Books.

Thaut, M. H. (2005). *Rhythm, music and the brain*. New York: Routledge.

Thompson, P. (1997). *Understanding learning disabilities*. Clearing House Publisher.

Turry, A. (1998). Transference and countertransference in Nordoff-Robbins music therapy. In K. E. Bruscia (Ed.), *The dynamics of music psychotherapy*, Gilsum, New Hampshire: Barcelona Publishers.

Unkefer, R. F. (Ed.) (1990). *Music therapy in the treatment of adults with mental disorders: Theoretical basis and clinical interventions*. New York: Shirmer.

Unkefer, R. F., & Thaut, M. H. (Eds.) (2005). *Music therapy in the treatment of adults with mental disorders*. Gilsum, NH: Barcelona Publishers.

West, T. M. (1994). Psychological issues in hospice music therapy. *Music Therapy Perspective, 12*.

Wheeler, B. (1983). A psychotherapeutic classification of music therapy practices: A continuum of procedures. *Music Therapy Perspectives, 1(20)*.

Wigram, T., Pederson, I. N., & Bonde, L. O. (2002). *A comprehensive guide to music therapy: Theory, clinical practice, research and training*. London & Philadelphia: Jessica Kingsley Publishers.

Winnicott, D. W. (1971). *Playing and reality*. New York: Basic Books.

Wolberg, L. R. (1977). *The technique of psychotherapy* (3rd ed.). NY: Grune & Stratton.

# |찾아보기|

## 인명

정현주 101, 110

Altschuler, I. M. 168

Bruscia, K. 14, 16, 23, 32, 165

Cawley, R. H. 146
Corey, G. 40

Gardstrom, S. 181
Goldberg 109
Grocke, D. 17

Nordoff, P. 87

Orstein, S. 125

Robbins, A. 85, 87
Robbins, C. 85, 87

Salmon, D. 158
Schore, A. 167
Summer, L. 101, 102, 110

Thaut, M. H. 47, 49, 155

Unkefer, R. F. 155

Wheeler, B. 12
Wigram, T. 17, 23

## 내용

LSD 92
RAS 기법 43
The National Hospice and
   Palliative Care Organization 156
WFMT 15

가사 187
감각적 심상 170
감각통합 훈련 126
감정이입 188
감정적 고조 190

## 저자 소개

### 정현주

University of Kansas 음악대학 피아노전공(B.A.)
Western Illinois University 음악치료학(B.A.)
Temple University 음악치료학석사(M.A.)
University of Kansas 음악치료학박사(MENT Ph.D.)
미국자격증협회 공인 음악치료사(MT-BC)
현 이화여자대학교 교육대학원 음악치료교육전공 부교수
　　한국음악치료교육학회장
　　한국서양음악학회 학술이사
　　한국음악지각인지학회 운영이사
　　Voices: World Forum for Music Therapy 편집위원
　　Music & Medicine 편집위원

### 김동민

서울대학교 음악대학 음악학사(B.A.)
Johns Hopkins University 음악석사(M.M.)
New York University 음악치료학석사(M.A.)
이화여자대학교 대학원 심리학박사(Ph.D.)
Lesley University 표현예술치료학박사(Ph.D.)
미국자격증협회 공인 음악치료사(MT-BC)
뉴욕 주정부 공인 예술매체치료사(LCAT)
Nordoff-Robbins 음악치료사 및 훈련가(NRMT level III)
성악심리치료사(AVPT)
현 세계음악치료연맹(WFMT) 교육/훈련 분과위원
　　전국음악치료사협회 이사
　　전주대학교 예술치료학과장

상담학 Best Practice 시리즈-상담기법 영역 4
# 음악심리치료

2010년  1월 20일  1판  1쇄  발행
2023년  6월 20일  1판  6쇄  발행

지은이 • 정현주 · 김동민
펴낸이 • 김 진 환
펴낸곳 • (주)**학지사**

04031 서울특별시 마포구 양화로 15길 20 마인드월드빌딩 5층

대표전화 • 02) 330-5114    팩스 • 02) 324-2345

등록번호 • 제313-2006-000265호

홈페이지 • http://www.hakjisa.co.kr
페이스북 • https://www.facebook.com/hakjisabook

ISBN 978-89-6330-276-8 93180

정가 **11,000원**

출판미디어기업 **학지사**

간호보건의학출판 **학지사메디컬** www.hakjisamd.co.kr
심리검사연구소 **인싸이트** www.inpsyt.co.kr
학술논문서비스 **뉴논문** www.newnonmun.com
원격교육연수원 **카운피아** www.counpia.com